펜으로 쓰며 배우는

어린이
사자소학
四字小學

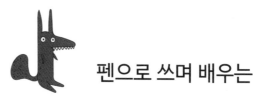

펜으로 쓰며 배우는

어린이
사자소학
四字小學

# 머리말

사자소학(四字小學)은 예전에 아이들을 가르치던 기초 학습서로 여러 경전(經典)이나 성현들의 말씀 중 기본적인 윤리와 생활 규범 등을 모은 책입니다. 간략한 사자(四字) 형태로 구성되어 있어 아이들이 쉽게 익힐 수 있으며 인격 형성에 큰 도움이 됩니다.

바른 글쓰기는 쓰기 전 태도와 마음에서 시작이 된다고 생각합니다. 무언가를 쓰는 것에 급급하다 보면 정작 내가 뭘 쓰고 있고 무엇이 중요한지를 잊어버리는 경우가 많습니다. 한자를 외우고 뜻을 익히는 것 또한 중요하지만, 펜으로 글씨를 쓰며 좋은 글귀를 마음속에 새기는 시간을 담도록 했습니다.

이 책은 우리가 생활 속에서 지켜야 할 규범과 공경하는 태도 등을 한자어로 정리한 사자소학을 지금의 어린이들 눈높이에 맞게 정리하였습니다. 사자소학을 풀어서 한자와 뜻을 익히고, 글쓰기를 통해 사자소학 글귀들이 가지는 의미를 직접 쓰며 배우는 시간을 갖도록 구성했습니다.

글귀를 외우는 일은 쉽지만, 마음속에 새기고 실천하는 것은 노력이 필요합니다. 아이들이 그저 외우는 것이 아닌 실천하고 생각하는 시간이 되길 바랍니다.

이 책은 크게 3단계로 나뉘어 있습니다. 소리 내 한자와 풀이 읽기, 뜻을 되새기며 따라 쓰기, 질문에 답하기. 처음에는 한자어를 익히고 어떤 음과 뜻이 있는지 되새기며 한 획씩 써 내려갑니다. 그리고 오늘날 아이들에게 더 쉽게 와닿을 수 있도록 재해석한 사자소학 풀이를 따라 씁니다. 마지막으로 질문에 답하기는 내가 쓴 소학을 주제로 담아낸 질문지입니다. 질문에 대한 답을 생각하거나 찾아보고 천천히 또 박또박 바른 글쓰기를 하도록 하였습니다.
약 170여 편의 사자소학을 통해 아이의 인성이 성숙해지도록 했으며, 더불어 아이의 한자 공부, 글씨 쓰기, 사고력 등이 향상되도록 하였습니다.

지금의 어린이가 앞으로의 우리를 이끌 듯, 이 책이 아이들에게 좋은 영향을 줄 수 있기를 바랍니다.

손끝캘리 김희경

차례

차례

이 책의 특징 및 활용법

사자소학 풀이

사자소학의 숨은 뜻으로 원문의 음과 뜻을 요즘 어린이들이 이해할 수 있도록 수정하였습니다. 사자소학의 음을 한 번 읽고, 풀이도 한 번 소리내 읽으며 익힙니다.

사자소학 따라 쓰기

사자소학 원문 한자를 따라 쓰면서 한자를 익힐 수 있을 뿐만 아니라 아이의 인성을 키울 수 있도록 하였습니다. 한 자 한 자 천천히 따라 쓰고 한 번 더 씁니다.

풀이 따라 쓰기

사자소학 풀이를 따라 쓰면서 뜻을 한 번 더 되새기도록 하였으며, 글씨를 바르게 쓰도록 하였습니다. 흐리게 처리된 글씨를 천천히 한 자 한 자 따라 씁니다.

父生我身 부생아신 母鞠吾身 모국오신

아버지와 어머니가 나를 낳으시고 키우셨다

01 소리 내어 읽으면서 한 글자씩 따라 쓰세요.

父	生	我	身	母	鞠	吾	身
아비 부	날 생	나 아	몸 신	어미 모	기를 국	나 오	몸 신

아버지는 내 몸을 낳게 하시고	어머니는 내 몸을 키우셨다

父	生	我	身	母	鞠	吾	身

02 뜻을 되새기면서 한 번씩 따라 쓰세요.

아	버	지	와		어	머	니	가
나	를		낳	으	시	고		키	우
셨	다	.						

03 나를 낳고 키워준 부모님께 감사한 마음을 적어 볼까요?

腹以懷我 복이회아 乳以哺我 유이포아

뱃 속에 나를 품으시고 젖을 먹이며 길러주셨다

01 소리내어 읽으면서 한 글자씩 따라 쓰세요.

腹	以	懷	我	乳	以	哺	我
배 복	써 이	품을 회	나 아	젖 유	써 이	먹일 포	나 아
배로써 나를 품어 주시고				젖으로 나를 먹여 주셨다			
腹	以	懷	我	乳	以	哺	我

02 뜻을 되새기면서 한 번씩 따라 쓰세요.

뱃		속	에		나	를		품	으
시	고		젖	을		먹	이	며	
길	러	주	셨	다	.				

03 열 달 동안 뱃속에 나를 품은 어머니는 어떤 마음이었을까요?

바른 글씨 쓰기를 위한 준비

01 펜 바르게 잡기

글씨를 잘 쓰기 위해서 펜을 바르게 잘 잡는 것이 중요합니다. 손가락을 교차하거나 주먹을 쥐듯 잡는 것이 아니라 엄지와 검지가 만난다는 느낌으로 잡아주는 것이 중요합니다. 연필을 잡을 때 손끝에 너무 힘을 주면 오랫동안 글씨를 쓰기가 힘들어집니다. 힘을 세게 주지 말고 글씨를 쓸 때 흔들리지 않을 정도의 힘으로 펜을 잡아주세요.

02 바르게 앉기

바른 자세로 글씨를 쓰는 것이야말로 사자소학 글쓰기의 기본이 되어줄 것입니다. 다리를 꼬아서 앉거나 한쪽으로 기대서 글씨를 쓰지 않고 허리를 곧게 펴고 반듯하게 앉아 글씨를 씁니다. 또한 한 자세로 오랫동안 글씨를 쓰는 것도 좋지 않습니다. 중간중간 스트레칭을 하며 어깨를 펴주세요.

03 바르게 쓰기

점들이 모여 선이 되고, 선이 모여 하나의 글자가 되고, 글자가 모여 단어가 되며, 단어들이 모여 문장이 됩니다. 글씨를 바르게 쓰기 위해서 먼저 선을 반듯하게 쓰는 것이 중요합니다. 삐뚤빼뚤해지지 않도록 곧게 글씨를 써주세요.

바른 글씨 쓰기의 시작

01 기본획 쓰기

가로획: 가로획은 반듯한 모양으로 그어줍니다. 획이 흔들리지 않게 써줍니다.
세로획: 세로획은 반듯한 모양으로 그어줍니다. 직선으로 내려 줍니다.
동그라미: ○이 찌그러진 느낌이 안 들도록 동그랗게 그려줍니다.

02 글자 쓰기 방법

자음+모음: ㅏ, ㅑ, ㅓ, ㅕ는 네모칸 왼쪽의 중앙에 자음을 넣고 네모칸 오른쪽에 모음을 써줍니다. ㅑ, ㅕ의 경우 가운데를 중심으로 가로획이 위아래 들어가도록 써줍니다.

ㅗ, ㅜ, ㅠ는 네모칸 위쪽 중앙에 자음을 넣고 네모칸 아래에 모음을 써줍니다. ㅛ, ㅠ의

경우 가운데를 중심으로 세로획이 양옆으로 들어가도록 써줍니다.

자음+모음+받침: ㅏ, ㅑ, ㅓ, ㅕ는 네모칸 왼쪽 위에 자음을 넣고 네모칸 오른쪽 위에 모음, 네모칸 오른쪽 아래에 받침을 넣어줍니다.
ㅗ, ㅜ, ㅠ는 네모칸 우측에 들어가는 모음(ㅏ, ㅑ, ㅓ, ㅕ)에 비해 네모칸 하단에 받침으로 들어가면 글씨가 길어질 수 있습니다.
중앙선을 기준으로 맨 위에 자음, 중간에 모음, 아래 받침을 넣어줍니다.

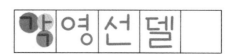

쌍자음, 겹받침: ㅃ, ㅉ, ㄸ, ㄲ, ㅆ 두 가지의 글자가 어느 것 하나 커지지 않고 비슷한 크기로 맞춰서 써주면 좋습니다.

 # 한자 쓰기의 순서

01 위에서 아래로 쓴다.

言　　　`ㅜ` `ㅡ` `ㅡ` `ㅡ` `言` `言`

02 왼쪽에서 오른쪽으로 쓴다.

川　　`丿` `川` `川`

03 좌우 대칭이 되는 글자는 가운데, 왼쪽, 오른쪽 순서로 쓴다.
　　水(물수)의 경우 좌우를 먼저 쓰고 가운데를 쓴다.

水　　`亅` `汀` `汀` `水`

04 가로획과 세로획이 교차될 때는 가로획을 먼저 쓴다.

木　　`一` `十` `才` `木`

05 삐침과 파임을 만날 때는 삐침을 먼저 쓴다.

大　　`一` `ナ` `大`

06 가운데 획을 둘러싸는 모양의 글자는 바깥쪽 획을 먼저 씁니다.

月 　 丿 刀 月 月

07 가운데를 관통하는 획은 가장 나중에 쓴다.

中 　 丨 冂 口 中

女 　 乀 ㄑ 女

08 책받침(辶, 辶)은 나중에 써줍니다.

近 　 ´ 厂 斤 斤 近

09 위에서 아래로 감싸는 획은 나중에 쓴다.

世 　 一 十 卅 卅 世

10 오른쪽 위의 점과 밑에 있는 점은 마지막에 찍는다.

犬 　 一 ナ 大 犬

家族과 孝
가족과 효

父生我身 부생아신 母鞠吾身 모국오신

아버지와 어머니가 나를 낳으시고 키우셨습니다

01 소리 내어 읽으면서 한 글자씩 따라 쓰세요.

父	生	我	身
아비 부	날 생	나 아	몸 신
아버지는 내 몸을 낳게 하시고			

母	鞠	吾	身
어미 모	기를 국	나 오	몸 신
어머니는 내 몸을 키우셨다			

02 뜻을 되새기면서 한 번씩 따라 쓰세요.

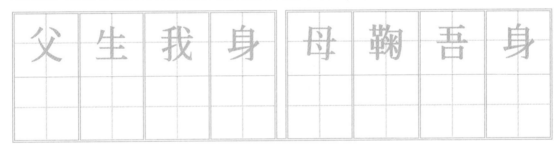

아버지와 어머니가

나를 낳으시고 키우

셨습니다.

03 나를 낳고 키워준 부모님께 감사한 마음을 적어 볼까요.

18

腹以懷我 복이회아　乳以哺我 유이포아

뱃 속에 나를 품으시고 젖을 먹이며 기르셨습니다

01 소리내어 읽으면서 한 글자씩 따라 쓰세요.

腹	以	懷	我	乳	以	哺	我
배 복	써 이	품을 회	나 아	젖 유	써 이	먹일 포	나 아

배로써 나를 품어 주시고	젖으로 나를 먹여 주셨다

02 뜻을 되새기면서 한 번씩 따라 쓰세요.

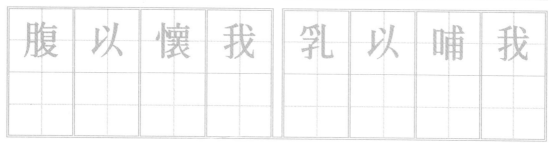

뱃	속	에		나	를		품	으
시	고		젖	을		먹	이	며
기	르	셨	습	니	다	.		

03 열 달 동안 뱃속에 나를 품은 어머니는 어떤 마음이었을까요?

以衣溫我 이의온아　以食飽我 이식포아

옷으로 따뜻하게 하시고 밥으로 배불려 주셨습니다

01 소리 내어 읽으면서 한 글자씩 따라 쓰세요.

以	衣	溫	我
써 이	옷 의	따뜻할 온	나 아

옷으로 나를 따뜻하게 하시고

以	食	飽	我
써 이	밥 식	배부를 포	나 아

밥으로 나를 배부르게 하셨다

以	衣	溫	我

以	食	飽	我

02 뜻을 되새기면서 한 번씩 따라 쓰세요.

옷	으	로		따	뜻	하	게		하
시	고			밥	으	로		배	불	려
주	셨	습	니	다	.				

03 부모님이 해 주신 음식 중 가장 좋아하는 것은 무엇인가요?

恩高如天 은고여천 德厚似地 덕후사지

부모님의 은혜는 하늘처럼 높고 땅처럼 두텁습니다

01 소리내어 읽으면서 한 글자씩 따라 쓰세요.

恩	高	如	天	德	厚	似	地
은혜 은	높을 고	같을 여	하늘 천	덕 덕	두터울 후	같을 사	땅 지

은혜는 높기가 하늘과 같으시고	덕은 두텁기가 땅과 같으시다

恩	高	如	天	德	厚	似	地

02 뜻을 되새기면서 한 번씩 따라 쓰세요.

부	모	님	의		은	혜	는		하
늘	처	럼		높	고		땅	처	럼
두	텁	습	니	다	.				

03 부모님께 가장 감사했던 적이 언제일까요?

21

爲人子者 위인자자 　 曷不爲孝 갈불위효

자식된 도리로 부모님께 효도를 해야 합니다

01 소리 내어 읽으면서 한 글자씩 따라 쓰세요.

爲	人	子	者	曷	不	爲	孝
할 위	사람 인	아들 자	놈 자	어찌 갈	아닐 불	할 위	효도 효
사람의 자식이 된 자가				어찌 효도를 하지 않겠는가			

02 뜻을 되새기면서 한 번씩 따라 쓰세요.

자	식	된		도	리	로		부	모
님	께		효	도	를		해	야	
합	니	다	.						

03 어버이날은 어떤 날인가요?

欲報其德 욕보기덕 昊天罔極 호천망극

부모님 은혜는 다 갚을 수가 없을만큼 크고 넓습니다

01 소리내어 읽으면서 한 글자씩 따라 쓰세요.

欲	報	其	德	昊	天	罔	極
하고자할욕	갚을 보	그 기	덕 덕	하늘 호	하늘 천	없을 망	다할 극
은혜를 다 갚으려 해도				하늘처럼 크고 넓어 다할 수가 없다			

欲	報	其	德	昊	天	罔	極

02 뜻을 되새기면서 한 번씩 따라 쓰세요.

부	모	님		은	혜	는		다
갚	을		수	가		없	을	만	큼
	크	고		넓	습	니	다	.

03 부모님께 해드리고 싶은 일을 적어보세요.

23

晨必先起 신필선기 必盥必漱 필관필수

일찍 일어나 세수와 양치질을 하고 몸을 청결히 합니다

01 소리 내어 읽으면서 한 글자씩 따라 쓰세요.

晨	必	先	起	必	盥	必	漱
새벽 신	반드시 필	먼저 선	일어날 기	반드시 필	씻을 관	반드시 필	양치질할 수
새벽에는 반드시 일찍 일어나고				반드시 세수하고 양치질 합니다			

晨	必	先	起	必	洗	必	漱

02 뜻을 되새기면서 한 번씩 따라 쓰세요.

일	찍		일	어	나		세	수	와
양	치	질	을		하	고		몸	
을		청	결	히		합	니	다	.

03 일어나서 제일 먼저 하는 일은 무엇인가요?

昏定晨省 혼정신성 冬溫夏淸 동온하정

아침저녁으로 살피고, 춥거나 덥지 않게 해드립니다

01 소리내어 읽으면서 한 글자씩 따라 써 보세요!

昏	定	晨	省	冬	溫	夏	淸
어두울 혼	정할 정	새벽 신	살필 성	겨울 동	따뜻할 온	여름 하	서늘할 정

저녁엔 잠자리를 정하고 새벽엔 문안을 살피고	겨울엔 따뜻하고 여름엔 시원하게 해 드려라

昏	定	晨	省	冬	溫	夏	淸

02 뜻을 되새기면서 한 번씩 따라 쓰세요.

아	침	저	녁	으	로		살	피	고
춥	거	나		덥	지		않	게	
해	드	립	니	다	.				

03 잠들기 전 부모님께 어떤 인사를 드리나요?

父母呼我 부모호아 唯而趨進 유이추진

부모님께서 나를 부르시면 대답하고 달려 갑니다

01 소리 내어 읽으면서 한 글자씩 따라 쓰세요.

父	母	呼	我	唯	而	趨	進
아비 부	어미 모	부를 호	나 아	오직 유	말 이을 이	달릴 추	나아갈 진

부모님께서 나를 부르시거든	대답하고 달려 나가고

父	母	呼	我	唯	而	趨	進

02 뜻을 되새기면서 한 번씩 따라 쓰세요.

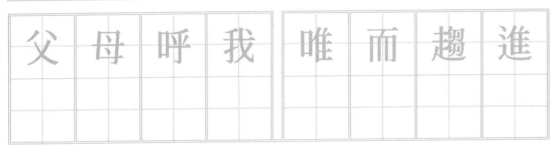

부	모	님	께	서		나	를		부
르	시	면		대	답	하	고		달
려		갑	니	다	.				

03 부모님은 나를 부를 때, 뭐라고 부르시나요?

父母使我 부모사아　勿逆勿怠 물역물태

부모님의 말씀을 가벼이 듣지 않고 실천합니다

01 소리내어 읽으면서 한 글자씩 따라 쓰세요.

父	母	使	我
아비 부	어미 모	부릴 사	나 아

부모님께서 나를 부리시거든

勿	逆	勿	怠
말 물	거스를 역	말 물	게으름 태

거스르지 말고 게을리하지 말라

父	母	使	我

勿	逆	勿	怠

02 뜻을 되새기면서 한 번씩 따라 쓰세요.

부	모	님	의		말	씀	을		가
벼	이		듣	지		않	고		실
천	합	니	다	.					

03 부모님이 말씀하신 것 중에서 지금도 실천하는 것이 있나요?

27

父母有命 부모유명 俯首敬聽 부수경청

부모님이 말씀하실 때 잘 듣도록 합니다

01 소리 내어 읽으면서 한 글자씩 따라 쓰세요.

父	母	有	命
아비 부	어미 모	있을 유	명할 명

부모님께서 명하시는 것이 있거든

俯	首	敬	聽
구부릴 부	머리 수	공경할 경	들을 청

머리를 숙이고 공경히 들어라

02 뜻을 되새기면서 한 번씩 따라 쓰세요.

부	모	님	이		말	씀	하	실	
때		잘		듣	도	록		합	니
다	.								

03 부모님께서 하신 말씀 중 도움이 되었던 말은 무엇인가요?

坐命坐聽 좌명좌청　立命立聽 입명입청

부모님의 말씀은 바른 자세로 듣도록 합니다

01 소리내어 읽으면서 한 글자씩 따라 쓰세요.

坐	命	坐	聽	立	命	立	聽
앉을 좌	목숨 명	앉을 좌	들을 청	설 입(립)	목숨 명	설 입(립)	들을 청
앉아서 명하시면 앉아서 듣고				서서 명하시면 서서 들어라			
坐	命	坐	聽	立	命	立	聽

02 뜻을 되새기면서 한 번씩 따라 쓰세요.

부	모	님	의		말	씀	은		바
른		자	세	로		듣	도	록	
합	니	다	.						

03 부모님이 말씀하실 때 귀담아 듣는 편인가요?

父母出入 부모출입 每必起立 매필기립

부모님이 외출하시거나 귀가하시면 서서 인사드립니다

01 소리 내어 읽으면서 한 글자씩 따라 쓰세요.

父	母	出	入	每	必	起	立
아비 부	어미 모	날 출	들 입	매양 매	반드시 필	일어날 기	설 립(입)
부모님께서 출입하시거든				매번 반드시 일어나 서라			

父	母	出	入	每	必	起	立

02 뜻을 되새기면서 한 번씩 따라 쓰세요.

부	모	님	이		외	출	하	시	거
나		귀	가	하	시	면		서	서
인	사	드	립	니	다	.			

03 부모님이 집에 오시면 일어서서 맞이하는 편인가요?

30

父母衣服 부모의복 勿踰勿踐 물유물천

부모님의 옷을 함부로 밟지 않습니다

01 소리내어 읽으면서 한 글자씩 따라 쓰세요.

父	母	衣	服	勿	踰	勿	踐
아비 부	어미 모	옷 의	옷 복	말 물	넘을 유	말 물	밟을 천
부모님의 의복을 넘어				다니지 말고 밟지 말라			
父	母	衣	服	勿	踰	勿	踐

02 뜻을 되새기면서 한 번씩 따라 쓰세요.

부	모	님	의		옷	을		함	부
로		밟	지		않	습	니	다	.

03 부모님이 소중히 아끼는 물건은 무엇인가요?

父母有病 부모유병 憂而謀療 우이모료

부모님이 아프실 때 옆에서 지켜주세요

01 소리 내어 읽으면서 한 글자씩 따라 쓰세요.

父	母	有	病	憂	而	謀	療
아비 부	어미 모	있을 유	병 병	근심할 우	말 이을 이	꾀할 모	병 고칠 료
부모님께서 병을 앓으시거든				근심하고 낫게 하기를 꾀하라			

02 뜻을 되새기면서 한 번씩 따라 쓰세요.

부	모	님	이		아	프	실		때
옆	에	서		지	켜	주	세	요	.

03 부모님의 몸이 아프셨을 때 어떤 마음이 들었나요?

對案不食 대안불식 思得良饌 사득양찬

부모님이 입맛이 없으시면 좋아하시는 음식을 권합니다

01 소리내어 읽으면서 한 글자씩 따라 쓰세요.

對	案	不	食	思	得	良	饌
대답할 대	책상 안	아닐 불	밥 식	생각할 사	얻을 득	좋을 양(량)	반찬 찬

밥상을 대하시고서 잡수시지 않거든	좋은 음식 장만할 것을 생각하라

對	案	不	食	思	得	良	饌

02 뜻을 되새기면서 한 번씩 따라 쓰세요.

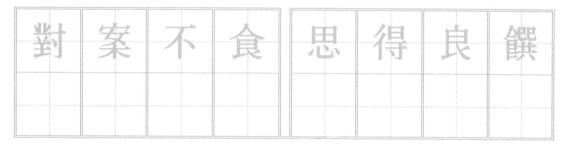

부	모	님	이		입	맛	이		없
으	시	면		좋	아	하	시	는	
음	식	을		권	합	니	다	.	

03 부모님이 제일 좋아하시는 음식은 무엇인가요?

出必告之 출필고지 反必面之 반필면지

집을 나가고 들어올 때 부모님께 인사를 드립니다

01 소리 내어 읽으면서 한 글자씩 따라 쓰세요.

出	必	告	之	反	必	面	之
날 출	반드시 필	알릴 고	갈 지	되돌릴 반	반드시 필	낮 면	갈 지
밖에 나갈 때에는 반드시 아뢰고				돌아오면 반드시 뵈어라			

出	必	告	之	反	必	面	之

02 뜻을 되새기면서 한 번씩 따라 쓰세요.

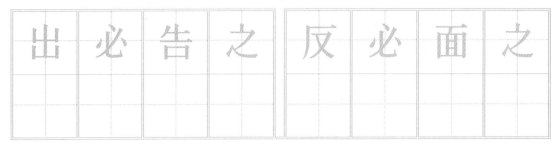

집	을		나	가	고		들	어	올
때		부	모	님	께		인	사	
를		드	립	니	다	.			

03 집에 들어오거나 나갈 때 부모님께 어떻게 인사하나요?

愼勿遠遊 신물원유 遊必有方 유필유방

친구들과 놀 때 너무 멀리 가지 말고 한 곳에서 놉니다

01 소리내어 읽으면서 한 글자씩 따라 쓰세요.

愼	勿	遠	遊
삼갈 신	말 물	멀 원	놀 유

부디 먼 곳에 가서 놀지 말며

遊	必	有	方
놀 유	반드시 필	있을 유	모 방

놀더라도 반드시 일정한 곳이 있어라

02 뜻을 되새기면서 한 번씩 따라 쓰세요.

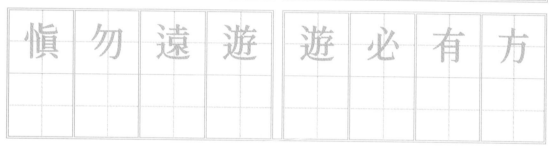

친	구	들	과		놀		때		너
무		멀	리		가	지		말	고
	한		곳	에	서		놉	니	다

03 부모님에게 말씀드리지 않고 멀리 나간 적이 있나요?

膝前勿坐 슬전물좌 親面勿仰 친면물앙

부모님께는 행동과 말을 공손하게 합니다

01 소리 내어 읽으면서 한 글자씩 따라 쓰세요.

膝	前	勿	坐	親	面	勿	仰
무릎 슬	앞 전	말 물	앉을 좌	친할 친	낯 면	말 물	우러를 앙

부모님 무릎 앞에 앉지 말고	부모님 얼굴을 똑바로 쳐다보지 말라

膝	前	勿	坐	親	面	勿	仰

02 뜻을 되새기면서 한 번씩 따라 쓰세요.

부	모	님	께	는		행	동	과
말	을		공	손	하	게		합	니
다	.							

03 부모님께 버릇없는 행동을 해서 후회했던 적이 있나요?

若告西遊 약고서유 不復東征 불부동정

부모님께 행선지를 말씀드리고 그곳에서 놉니다

01 소리내어 읽으면서 한 글자씩 따라 쓰세요.

若	告	西	遊	不	復	東	征
같을 약	알릴 고	서녘 서	놀 유	아닐 불	다시 부	동녘 동	칠 정

만일 서쪽에서 논다 여쭙고는	동쪽으로 가지말라

若	告	西	遊	不	復	東	征

02 뜻을 되새기면서 한 번씩 따라 쓰세요.

부	모	님	께		행	선	지	를
말	씀	드	리	고		그	곳	에	서
	놉	니	다	.				

03 약속한 공간을 벗어나 부모님께 걱정을 드린 적이 있나요?

侍坐父母 시좌부모　勿怒責人 물노책인

부모님 앞에서 화를 내거나 큰소리를 내지 않습니다

01 소리 내어 읽으면서 한 글자씩 따라 쓰세요.

侍	坐	父	母	勿	怒	責	人
모실 시	앉을 좌	아비 부	어미 모	말 물	성낼 노	꾸짖을 책	사람 인
부모님을 모시고 앉아 있거든				성내어 다른 사람을 꾸짖지 말라			

02 뜻을 되새기면서 한 번씩 따라 쓰세요.

부	모	님		앞	에	서		화	를
내	거	나		큰	소	리	를		
내	지		않	습	니	다	.		

03 부모님과 함께 있을 때 다른 사람과 큰소리로 다툰 적이 있나요?

侍坐親前 시좌친전 勿踞勿臥 물거물와

부모님 앞에서 바른 자세로 앉습니다

01 소리내어 읽으면서 한 글자씩 따라 쓰세요.

侍	坐	親	前	勿	踞	勿	臥
모실 시	앉을 좌	친할 친	앞 전	말 물	걸터앉을 거	말 물	누울 와
부모님 앞에 모시고 앉아 있거든				걸터앉지 말며 눕지 말라			
侍	坐	親	前	勿	踞	勿	臥

02 뜻을 되새기면서 한 번씩 따라 쓰세요.

부	모	님		앞	에	서		바	른
자	세	로		앉	습	니	다	.	

03 부모님과 대화를 나눌 때 눕거나 기대 앉은 적이 있나요?

獻物父母 헌물부모 跪而進之 궤이진지

부모님께 물건을 드릴 때는 공손하게 드립니다

01 소리 내어 읽으면서 한 글자씩 따라 쓰세요.

獻	物	父	母	跪	而	進	之
바칠 헌	만물 물	아비 부	어미 모	꿇어앉을 궤	말 이을 이	나아갈 진	갈 지
부모님께 물건을 드릴 때				공손하게 드려라			
獻	物	父	母	跪	而	進	之

02 뜻을 되새기면서 한 번씩 따라 쓰세요.

부	모	님	께		물	건	을		드
릴		때	는		공	손	하	게	
드	립	니	다	.					

03 내가 물건을 던져서 드리면 부모님은 어떤 마음이 드실까요?

與我飲食 여아음식 跪而受之 궤이수지

부모님이 음식을 주실 때는 공손하게 받습니다

01 소리내어 읽으면서 한 글자씩 따라 쓰세요.

與	我	飲	食	跪	而	受	之
줄 여	나 아	마실 음	밥 식	꿇어앉을 궤	말 이을 이	받을 수	갈 지

나에게 음식을 주시거든	꿇어앉아서 받아라

與	我	飲	食	跪	而	受	之

02 뜻을 되새기면서 한 번씩 따라 쓰세요.

부	모	님	이		음	식	을		주
실		때	는		공	손	하	게	
받	습	니	다	.					

03 부모님이 맛있는 것을 주실 때 어떻게 감사의 인사를 하나요?

器有飮食 기유음식 不與勿食 불여물식

먹을 것이 있더라도 부모님의 허락을 받고 먹습니다

01 소리 내어 읽으면서 한 글자씩 따라 쓰세요.

器	有	飮	食	不	與	勿	食
그릇 기	있을 유	마실 음	밥 식	아닐 불	줄 여	말 물	밥 식
그릇에 음식이 있어도				주시지 않으면 먹지 말라			

器	有	飮	食	不	與	勿	食

02 뜻을 되새기면서 한 번씩 따라 쓰세요.

먹	을		것	이		있	더	라	도
	부	모	님	의		허	락	을	
받	고		먹	습	니	다	.		

03 먹고 싶은 것을, 부모님이 먹지 못하게 한 이유는 무엇일까요?

若得美味 약득미미 **歸獻父母** 귀헌부모

맛있는 음식을 먹을 때 먼저 부모님을 생각합니다

01 소리내어 읽으면서 한 글자씩 따라 쓰세요.

若	得	美	味	歸	獻	父	母
만약 약	얻을 득	아름다울 미	맛 미	돌아갈 귀	바칠 헌	아비 부	어미 모

만약 맛있는 음식을 얻으면	돌아가 부모님께 드려라

02 뜻을 되새기면서 한 번씩 따라 쓰세요.

맛	있	는		음	식	을		먹	을
때		먼	저		부	모	님	을	
생	각	합	니	다	.				

03 맛있는 것이 있을 때, 부모님께 챙겨드린 적이 있나요?

衣服雖惡 의복수악 與之必着 여지필착

부모님이 골라주신 옷은 감사히 입습니다

01 소리 내어 읽으면서 한 글자씩 따라 쓰세요.

衣	服	雖	惡	與	之	必	着
옷 의	옷 복	비록 수	악할 악	줄 여	갈 지	반드시 필	입을 착

의복이 비록 나쁘더라도	주시면 반드시 입어라

衣	服	雖	惡	與	之	必	着

02 뜻을 되새기면서 한 번씩 따라 쓰세요.

부	모	님	이		골	라	주	신	
옷	은			감	사	히		입	습	니
다	.								

03 부모님이 골라준 옷이 마음에 들지 않은 적이 있나요?

飮食雖惡 음식수악 與之必食 여지필식

먹기 싫은 음식도 반찬 투정하지 않고 잘 먹습니다

01 소리내어 읽으면서 한 글자씩 따라 쓰세요.

飮	食	雖	惡	與	之	必	食
마실 음	밥 식	비록 수	악할 악	줄 여	갈 지	반드시 필	밥 식

음식이 비록 먹기 싫더라도	주시면 반드시 먹어라

02 뜻을 되새기면서 한 번씩 따라 쓰세요.

먹	기		싫	은		음	식	도
반	찬		투	정	하	지		않	고
	잘		먹	습	니	다	.	

03 평소 먹지 않던 음식도 한 번쯤 먹어 보는 건 어떨까요?

45

父母無衣 부모무의 勿思我衣 물사아의

나보다 부모님이 좋은 옷 입기를 바랍니다

01 소리 내어 읽으면서 한 글자씩 따라 쓰세요.

父	母	無	衣	勿	思	我	衣
아비 부	어미 모	없을 무	옷 의	말 물	생각할 사	나 아	옷 의

부모님이 입으실 옷이 없으시면	내가 입을 옷을 생각지 말며

02 뜻을 되새기면서 한 번씩 따라 쓰세요.

나	보	다		부	모	님	이		좋
은		옷		입	기	를		바	랍
니	다	.							

03 가족에게 새 옷을 양보하는 부모님을 보면 어떤 생각이 드나요?

父母無食 부모무식 勿思我食 물사아식

좋은 음식을 먹을 때 먼저 부모님이 드시는지 살핍니다

01 소리내어 읽으면서 한 글자씩 따라 쓰세요.

父	母	無	食
아비 부	어미 모	없을 무	밥 식
부모님이 드실 음식이 없거든			

勿	思	我	食
말 물	생각할 사	나 아	밥 식
내가 먹을 음식을 생각지 말라			

02 뜻을 되새기면서 한 번씩 따라 쓰세요.

좋	은		음	식	을		먹	을
때		먼	저		부	모	님	이
드	시	는	지		살	핍	니	다	.

03 맛있는 음식이 하나만 남았을 때 부모님께 드릴 생각이 있나요?

身體髮膚 신체발부 勿毀勿傷 물훼물상

부모님이 물려주신 내 몸이 다치지 않게 조심합니다

01 소리 내어 읽으면서 한 글자씩 따라 쓰세요.

身	體	髮	膚	勿	毀	勿	傷
몸 신	몸 체	터럭 발	살갗 부	말 물	헐 훼	말 물	다칠 상
신체와 머리털과 피부를				훼손하지 말며 상하지 말라			

身	體	髮	膚	勿	毀	勿	傷

02 뜻을 되새기면서 한 번씩 따라 쓰세요.

부	모	님	이		물	려	주	신	
내		몸	이		다	치	지		않
게		조	심	합	니	다	.		

03 내 몸이 다쳤을 때 부모님이 더 아파한 것을 본 적이 있나요?

衣服帶靴 의복대화 勿失勿裂 물실물렬

부모님이 사주신 옷과 신발을 소중히 다룹니다

01 소리내어 읽으면서 한 글자씩 따라 쓰세요.

衣	服	帶	靴	勿	失	勿	裂
옷 의	옷 복	띠 대	신 화	말 물	잃을 실	말 물	찢을 열(렬)

의복과 허리띠와 신발을	잃어버리지 말며 찢지 말라

衣	服	帶	靴	勿	失	勿	裂

02 뜻을 되새기면서 한 번씩 따라 쓰세요.

부	모	님	이		사	주	신		옷
과		신	발	을		소	중	히	
다	룹	니	다	.					

03 부모님이 사준 옷과 신발을 보며 감사한 마음을 적어보세요.

49

父母愛之 부모애지 喜而勿忘 희이물망

부모님의 사랑을 늘 감사하게 생각합니다

01 소리 내어 읽으면서 한 글자씩 따라 쓰세요.

父	母	愛	之
아비 부	어미 모	사랑 애	갈 지

부모님께서 사랑해 주시거든

喜	而	勿	忘
기쁠 희	말 이을 이	말 물	잊을 망

기뻐하며 잊지 말라

父	母	愛	之		喜	而	勿	忘

02 뜻을 되새기면서 한 번씩 따라 쓰세요.

부	모	님	의		사	랑	을		늘
감	사	하	게		생	각	합	니	
다	.								

03 부모님의 사랑에 대한 감사한 마음을 적어봅니다.

父母責之 부모책지 反省勿怨 반성물원

부모님께서 꾸짖으시면 마음으로 반성합니다

01 소리내어 읽으면서 한 글자씩 따라 쓰세요.

父	母	責	之
아비 부	어미 모	꾸짖을 책	갈 지
부모님께서 꾸짖으시거든			

反	省	勿	怨
되돌릴 반	살필 성	말 물	원망할 원
반성하고 원망하지 말라			

02 뜻을 되새기면서 한 번씩 따라 쓰세요.

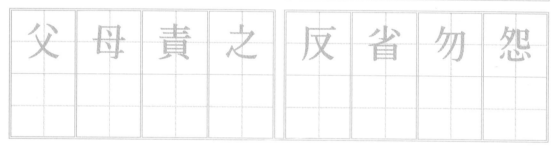

부	모	님	께	서		꾸	짖	으	시
면		마	음	으	로		반	성	합
니	다	.							

03 부모님께 야단 맞은 후 반성하고 고친 일은 무엇이 있을까요?

勿登高樹 물등고수 父母憂之 부모우지

부모님께 걱정 끼쳐드릴 일은 피하는 것이 좋습니다

01 소리 내어 읽으면서 한 글자씩 따라 쓰세요.

勿	登	高	樹
말 물	오를 등	높을 고	나무 수

높은 나무에 올라가지 말라

父	母	憂	之
아비 부	어미 모	근심할 우	갈 지

부모님께서 근심하시느니라

02 뜻을 되새기면서 한 번씩 따라 쓰세요.

부	모	님	께		걱	정		끼	쳐
드	릴		일	은		피	하	는	
것	이		좋	습	니	다	.		

03 부모님께 걱정을 끼쳐드린 일로 죄송했던 마음을 적어보세요.

勿泳深淵 물영심연 父母念之 부모염지

깊은 물에는 위험하니 들어가지 않도록 합니다

01 소리내어 읽으면서 한 글자씩 따라 쓰세요.

勿	泳	深	淵	父	母	念	之
말 물	헤엄칠 영	깊을 심	못 연	아비 부	어미 모	생각할 염	갈 지

깊은 연못에서 헤엄치지 말라	부모님께서 염려하시느니라

02 뜻을 되새기면서 한 번씩 따라 쓰세요.

깊	은		물	에	는		위	험	하
니		들	어	가	지		않	도	록
합	니	다	.						

03 수영할 때 안전을 위해 챙겨야할 물건은 뭐가 있을까요?

勿與人鬪 물여인투 父母不安 부모불안

친구들과 싸워 부모님을 속상하게 하지 마세요

01 소리 내어 읽으면서 한 글자씩 따라 쓰세요.

勿	與	人	鬪	父	母	不	安
말 물	더불 여	사람 인	싸움 투	아비 부	어미 모	아닐 불	편안할 안

남과 더불어 다투지 말라	부모님께서 불안해하시느니라

勿	與	人	鬪	父	母	不	安

02 뜻을 되새기면서 한 번씩 따라 쓰세요.

친	구	들	과		싸	워		부	모
님	을		속	상	하	게		하	지
마	세	요	.						

03 친구와 다투고 난 뒤 친구와 어떻게 화해했나요?

室堂有塵 실당유진 塵必灑掃 상필쇄소

항상 방을 깨끗이 정돈하고 청소합니다

01 소리내어 읽으면서 한 글자씩 따라 쓰세요.

室	堂	有	塵	常	必	灑	掃
집 실	집 당	있을 유	티끌 진	항상 상	반드시 필	뿌릴 쇄	쓸 소
방과 거실에 먼지가 있거든				항상 반드시 닦고 청소하라			
室	堂	有	塵	常	必	灑	掃

02 뜻을 되새기면서 한 번씩 따라 쓰세요.

항	상		방	을		깨	끗	이
정	돈	하	고			청	소	합	니	다
.								

03 내 방 청소나 정리 정돈을 잘하고 있나요?

事必稟行 사필품행 無敢自專 무감자전

무슨 일을 하기 전에 부모님께 먼저 여쭙니다

01 소리 내어 읽으면서 한 글자씩 따라 쓰세요.

事	必	稟	行	無	敢	自	專
일 사	반드시 필	여쭐 품	갈 행	없을 무	감히 감	스스로 자	오로지 전
일은 반드시 여쭈어 행하고				감히 자기 멋대로 하지 말라			

02 뜻을 되새기면서 한 번씩 따라 쓰세요.

무	슨		일	을		하	기		전
에		부	모	님	께		먼	저	
여	쭙	니	다	.					

03 부모님께 알리지 않고 어떤 일을 해서 문제가 된 적이 있나요?

一欺父母 일기부모 其罪如山 기죄여산

부모님께 거짓말을 하지 않습니다

01 소리내어 읽으면서 한 글자씩 따라 쓰세요.

一	欺	父	母	其	罪	如	山
한 일	속일 기	아비 부	어미 모	그 기	허물 죄	같을 여	뫼 산

한 번이라도 부모님을 속이면	그 죄가 산과 같다

02 뜻을 되새기면서 한 번씩 따라 쓰세요.

부	모	님	께		거	짓	말	을	
하	지		않	습	니	다	.		

03 부모님께 했던 거짓말이 있나요? 어떤 거짓말이었나요?

雪裏求筍 설리구순 孟宗之孝 맹종지효

맹종은 부모님을 위해 눈 속에서도 죽순을 구해 드렸다

01 소리 내어 읽으면서 한 글자씩 따라 쓰세요.

雪	裏	求	筍
눈 설	속 리(이)	구할 구	죽순 순
눈 속에서 죽순을 구한 것은			

孟	宗	之	孝
맏 맹	마루 종	갈 지	효도 효
맹종의 효도이고			

02 뜻을 되새기면서 한 번씩 따라 쓰세요.

맹	종	은		부	모	님	을		위
해		눈		속	에	서	도		죽
순	을		구	해		드	렸	다	.

03 부모님이 아프셨을 때 약을 사다 드린 일이 있나요?

剖氷得鯉 부빙득리 王祥之孝 왕상지효

왕상은 부모님을 위해 얼음을 깨고 잉어를 잡아 드렸다

01 소리내어 읽으면서 한 글자씩 따라 쓰세요.

剖	氷	得	鯉	王	祥	之	孝
쪼갤 부	얼음 빙	얻을 득	잉어 리(이)	임금 왕	상서로울 상	갈 지	효도 효
얼음을 깨고서 잉어를 잡은 것은				왕상의 효도이다			
剖	氷	得	鯉	王	祥	之	孝

02 뜻을 되새기면서 한 번씩 따라 쓰세요.

왕	상	은		부	모	님	을		위
해		얼	음	을		깨	고		잉
어	를		잡	아		드	렸	다	.

03 부모님이 아프셨을 때 어떤 생각이 들었나요?

我身能賢 아신능현 譽及父母 예급부모

내 행동을 바르게 하면 그 명예가 부모님께 돌아갑니다

01 소리 내어 읽으면서 한 글자씩 따라 쓰세요.

我	身	能	賢	譽	及	父	母
나 아	몸 신	능할 능	어질 현	명예 예	미칠 급	아비 부	어미 모

내 몸이 능히 어질면	명예가 부모님께 미치느니라

我	身	能	賢	譽	及	父	母

02 뜻을 되새기면서 한 번씩 따라 쓰세요.

내		행	동	을		바	르	게
하	면		그		명	예	가		부
모	님	께		돌	아	갑	니	다	.

03 내가 했던 행동으로 부모님이 뿌듯해 하셨던 적이 있나요?

60

我身不賢 아신불현 辱及父母 욕급부모

내 행동이 잘못되면 부모님이 욕을 먹습니다

01 소리내어 읽으면서 한 글자씩 따라 쓰세요.

我	身	不	賢	辱	及	父	母
나 아	몸 신	아닐 불	어질 현	욕될 욕	미칠 급	아비 부	어미 모

내 몸이 어질지 못하면	욕이 부모님께 미치느니라

02 뜻을 되새기면서 한 번씩 따라 쓰세요.

내		행	동	이		잘	못	되	면
부	모	님	이		욕	을			먹
습	니	다	.						

03 나의 잘못된 행동으로 부모님이 사과를 한 적이 있나요?

追遠報本 추원보본 祭祀必誠 제사필성

제사를 지내며 조상님께 감사의 마음을 전합니다

01 소리 내어 읽으면서 한 글자씩 따라 쓰세요.

追	遠	報	本	祭	祀	必	誠
쫓을 추	멀 원	갚을 보	밑 본	제사 제	제사 사	반드시 필	정성 성

먼 조상을 추모하고 근본에 보답하여	제사를 반드시 정성스럽게 지내라

追	遠	報	本	祭	祀	必	誠

02 뜻을 되새기면서 한 번씩 따라 쓰세요.

제	사	를		지	내	며		조	상
님	께		감	사	의		마	음	을
	전	합	니	다	.				

03 차례와 제사의 차이를 아는대로 적어볼까요?

非有先祖 비유선조　我身曷生 아신갈생

조상이 없었다면 나 또한 없었을 것입니다

01 소리내어 읽으면서 한 글자씩 따라 쓰세요.

非	有	先	祖		我	身	曷	生
아닐 비	있을 유	먼저 선	조상 조		나 아	몸 신	어찌 갈	날 생
선조가 계시지 않았으면					내 몸이 어디서 생겨났겠는가			

非	有	先	祖		我	身	曷	生

02 뜻을 되새기면서 한 번씩 따라 쓰세요.

조	상	이		없	었	다	면		나
또	한			없	었	을			것	입
니	다	.							

03 할아버지, 할머니의 이름을 적어볼까요?

63

父母之年 부모지년 不可不知 불가부지

부모님의 생신과 나이를 잊지 않습니다

01 소리 내어 읽으면서 한 글자씩 따라 쓰세요.

父	母	之	年	不	可	不	知
아비 부	어미 모	갈 지	해 년	아닐 불	옳을 가	아닐 부(불)	알 지

부모님의 연세를 가히	알지 못하면 안되니라

父	母	之	年	不	可	不	知

02 뜻을 되새기면서 한 번씩 따라 쓰세요.

부	모	님	의		생	신	과		나
이	를			잊	지		않	습	니	다
.									

03 부모님이 태어난 해와 날짜(생신)를 적어볼까요?

64

侍坐親側 시좌친측 進退必恭 진퇴필공

부모님이 옆에 계시면 오갈 때 공손히 행동합니다

01 소리내어 읽으면서 한 글자씩 따라 쓰세요.

侍	坐	親	側
모실 시	앉을 좌	친할 친	곁 측
부모님을 옆에 모시고 앉을 때는			

進	退	必	恭
나아갈 진	물러날 퇴	반드시 필	공손할 공
오갈 때 반드시 공손히 해라			

02 뜻을 되새기면서 한 번씩 따라 쓰세요.

부	모	님	이		옆	에		계	시
면		오	갈		때		공	손	히
	행	동	합	니	다	.			

03 집에 오거나 갈 때 부모님께 어떤 인사를 드리나요?

飮食親前 음식친전 勿出器聲 물출기성

부모님 앞에서 밥을 먹을 때는 소리를 내지 않습니다

01 소리 내어 읽으면서 한 글자씩 따라 쓰세요.

飮	食	親	前	勿	出	器	聲
마실 음	밥 식	친할 친	앞 전	말 물	날 출	그릇 기	소리 성
부모님 앞에서 마시고 먹을 때는				그릇 소리를 내지 말라			
飮	食	親	前	勿	出	器	聲

02 뜻을 되새기면서 한 번씩 따라 쓰세요.

부	모	님	앞	에	서	밥	을
먹	을	때	는	소	리	를	
내	지	않	습	니	다	.	

03 밥 먹을 때 좋은 습관과 안 좋은 습관은 무엇일까요?

元是孝者 원시효자 百行之本 백행지본

효도는 백 가지 행동의 근본입니다

01 소리내어 읽으면서 한 글자씩 따라 쓰세요.

元	是	孝	者
으뜸 원	이 시	효도 효	놈 자
원래 효도는			

百	行	之	本
일백 백	갈 행	갈 지	근본 본
백가지 행동의 근본이 된다			

元	是	孝	者	百	行	之	本

02 뜻을 되새기면서 한 번씩 따라 쓰세요.

효	도	는		백		가	지		행
동	의		근	본	입	니	다	.	

03 부모님을 위해 할 수 있는 효도를 적어봅시다.

夫婦之倫 부부지륜 二姓之合 이성지합

아빠와 엄마가 만나 부부라는 인연이 됩니다

01 소리 내어 읽으면서 한 글자씩 따라 쓰세요.

夫	婦	之	倫	二	姓	之	合
지아비 부	아내 부	갈 지	인륜 륜(윤)	두 이	성 성	갈 지	합할 합
부부의 인륜은				두 성씨가 합한 것이니			

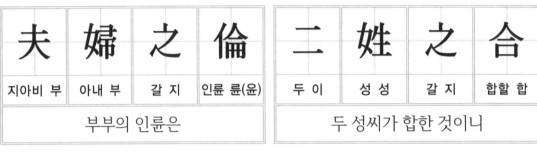

02 뜻을 되새기면서 한 번씩 따라 쓰세요.

아	빠	와		엄	마	가		만	나
	부	부	라	는		인	연	이	
됩	니	다	.						

03 부부는 어떤 것이라고 생각하나요?

內外有別 내외유별 相敬如賓 상경여빈

부부는 서로를 존중해야 합니다

01 소리내어 읽으면서 한 글자씩 따라 쓰세요.

內	外	有	別	相	敬	如	賓
안 내	밖 외	있을 유	나눌 별	서로 상	공경할 경	같을 여	손 빈
남편과 아내는 분별이 있어서				서로 공경하기를 손님처럼 하라			
內	外	有	別	相	敬	如	賓

02 뜻을 되새기면서 한 번씩 따라 쓰세요.

부	부	는		서	로	를		존	중
해	야		합	니	다	.			

03 우리 가족의 행복한 추억을 하나만 적어볼까요?

夫道和義 부도화의 婦德柔順 부덕유순

남편은 따뜻하고 의롭게, 아내는 선하게 대합니다

01 소리 내어 읽으면서 한 글자씩 따라 쓰세요.

夫	道	和	義	婦	德	柔	順
지아비 부	길 도	화할 화	옳을 의	며느리 부	덕 덕	부드러울 유	순할 순
남편의 도리는 온화하고 의로우며				부인의 덕은 유순한 것이니라			

02 뜻을 되새기면서 한 번씩 따라 쓰세요.

남	편	은		따	뜻	하	고		의
롭	게	,		아	내	는		선	하
게		행	동	합	니	다	.		

03 부모님께서 주고받은 따뜻한 말을 적어봅니다.

夫唱婦隨 부창부수 家道成矣 가도성의

남편이 솔선수범하고 부인이 따르면 집이 평화롭습니다

01 소리내어 읽으면서 한 글자씩 따라 쓰세요.

夫	唱	婦	隨	家	道	成	矣
지아비 부	노래 창	아내 부	따를 수	집 가	길 도	이룰 성	어조사 의

남편이 앞장서고 부인이 따르면	가정의 법도가 이루어 질 것이다

夫	唱	婦	隨	家	道	成	矣

02 뜻을 되새기면서 한 번씩 따라 쓰세요.

남	편	이		솔	선	수	범	하	고
부	인	이		따	르	면			집
이		평	화	롭	습	니	다	.	

03 부모님은 가정을 위해서 어떤 일들을 하나요?

兄弟姉妹 형제자매 同氣而生 동기이생

형제와 자매는 같은 부모님에게서 태어났습니다

01 소리 내어 읽으면서 한 글자씩 따라 쓰세요.

兄	弟	姉	妹	同	氣	而	生
맏 형	아우 제	손윗누이 자	누이 매	한가지 동	기운 기	말 이을 이	날 생
형제와 자매는				한 기운을 받고 태어났으니			
兄	弟	姉	妹	同	氣	而	生

02 뜻을 되새기면서 한 번씩 따라 쓰세요.

형	제	와		자	매	는		같	은	
부	모	님	에	게	서		태	어		
났	습	니	다	.						

03 나의 이름을 한자로 적어봅니다.

72

兄友弟恭 형우제공　不敢怨怒 불감원노

형은 동생을 아끼고 동생은 형을 따릅니다

01 소리내어 읽으면서 한 글자씩 따라 쓰세요.

兄	友	弟	恭	不	敢	怨	怒
맏 형	벗 우	아우 제	공손할 공	아닐 불	감히 감	원망할 원	성낼 노
형은 우애하고 아우는 공손히하여				감히 원망하거나 성내지 말아야 한다			
兄	友	弟	恭	不	敢	怨	怒

02 뜻을 되새기면서 한 번씩 따라 쓰세요.

형	은		동	생	을		아	끼	고
동	생	은		형	을		따	릅	
니	다	.							

03 가족끼리 싸운 적이 있나요? 기분은 어땠나요?

73

骨肉雖分 골육수분 本生一氣 본생일기

형제는 다른 날 태어났지만 한 부모에게서 태어났습니다

01 소리 내어 읽으면서 한 글자씩 따라 쓰세요.

骨	肉	雖	分	本	生	一	氣
뼈 골	고기 육	비록 수	나눌 분	밑 본	날 생	한 일	기운 기

뼈와 살은 비록 나누어 졌으나	본래 한 기운에서 태어났으며

02 뜻을 되새기면서 한 번씩 따라 쓰세요.

형	제	는		다	른		날		태
어	났	지	만		한		부	모	에
게	서		태	어	났	습	니	다	.

03 기억에 남는 생일이 있나요?

形體雖異 형체수이 素受一血 소수일혈

형제의 모습은 다르지만 같은 핏줄을 물려받았습니다

01 소리내어 읽으면서 한 글자씩 따라 쓰세요.

形	體	雖	異	素	受	一	血
모양 형	몸 체	비록 수	다를 이	본디 소	받을 수	한 일	피 혈

몸의 모양새는 비록 다르나	본래 한 핏줄을 받았느니라

形	體	雖	異	素	受	一	血

02 뜻을 되새기면서 한 번씩 따라 쓰세요.

형	제	의		모	습	은		다	르
지	만		같	은		핏	줄	을	
물	려	받	았	습	니	다	.		

03 나와 가족의 얼굴을 보며 닮은 점을 찾아볼까요?

比之於木 비지어목 同根異枝 동근이지

형제는 뿌리가 같고 가지가 다른 나무와 같습니다

01 소리 내어 읽으면서 한 글자씩 따라 쓰세요.

比	之	於	木	同	根	異	枝
견줄 비	갈 지	어조사 어	나무 목	한가지 동	뿌리 근	다를 이	가지 지
나무에 비유하면				뿌리는 같고 가지는 다른 것과 같고			
比	之	於	木	同	根	異	枝

02 뜻을 되새기면서 한 번씩 따라 쓰세요.

형	제	는		뿌	리	가		같	고
가	지	가		다	른			나	무
와		같	습	니	다	.			

03 木(나무 목)자가 들어가는 단어를 생각나는 대로 적어보세요.

比之於水 비지어수 同源異流 동원이류

형제는 한 곳에서 흘러와 다르게 흐르는 물과 같습니다

01 소리내어 읽으면서 한 글자씩 따라 쓰세요.

比	之	於	水	同	源	異	流
견줄 비	갈 지	어조사 어	물 수	한가지 동	근원 원	다를 이	흐를 류(유)
물에 비유하면				근원은 같고 흐름은 다른 것과 같다			
比	之	於	水	同	源	異	流

02 뜻을 되새기면서 한 번씩 따라 쓰세요.

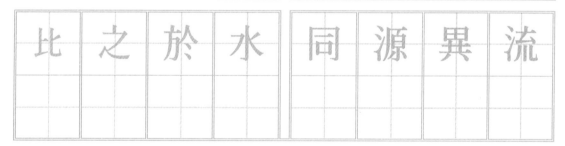

형	제	는		한		곳	에	서
흘	러	와		다	르	게		흐	르
는		물	과		같	습	니	다	.

03 물을 뜻하는 한자어는 무엇일까요?

77

兄弟怡怡 형제이이 行則雁行 행즉안행

형제자매는 서로 잘 지내고 함께 다닙니다

01 소리 내어 읽으면서 한 글자씩 따라 쓰세요.

兄	弟	怡	怡	行	則	雁	行
맏 형	아우 제	기쁠 이	기쁠 이	다닐 행	곧 즉	기러기 안	다닐 행
형제는 서로 화합하여				길을 갈 때는 기러기 떼처럼 나란히 가라			

02 뜻을 되새기면서 한 번씩 따라 쓰세요.

형	제	자	매	는		서	로		잘
지	내	고		함	께		다	닙	
니	다	.							

03 형제자매(혹은 친척)와 가장 즐거웠던 순간은 언제였나요?

寢則連衾 침즉연금　食則同牀 식즉동상

형제는 잠잘 때나 밥 먹을 때도 항상 함께합니다

01 소리내어 읽으면서 한 글자씩 따라 쓰세요.

寢	則	連	衾	食	則	同	牀
잠잘 침	곧 즉	잇달을 연	이불 금	밥 식	곧 즉	한가지 동	평상 상

잠잘 때는 이불을 나란히 덮고	밥 먹을 때에는 밥상을 함께 하라

02 뜻을 되새기면서 한 번씩 따라 쓰세요.

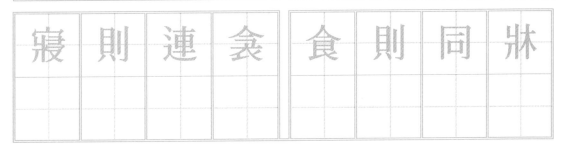

형	제	는		잠	잘		때	나
밥		먹	을		때	도		항	상
	함	께	합	니	다	.		

03 가족과 먹었던 음식 중 가장 기억에 남는 음식은?

分毋求多 분무구다　有無相通 유무상통

공평하게 나누고, 없을 때 서로의 것을 나눕니다

01 소리 내어 읽으면서 한 글자씩 따라 쓰세요.

分	毋	求	多	有	無	相	通
나눌 분	말 무	구할 구	많을 다	있을 유	없을 무	서로 상	통할 통

나눌 때 많기를 구하지 말며	있고 없는 것을 서로 통하라

分	毋	求	多	有	無	相	通

02 뜻을 되새기면서 한 번씩 따라 쓰세요.

공	평	하	게		나	누	고	,	
없	을		때		서	로	의		것
을		나	눕	니	다	.			

03 가족이나 친구를 위해서 양보했던 일을 적어봅니다.

80

私其衣食 사기의식 夷狄之徒 이적지도

형제자매간 옷과 음식을 서로 나눕니다

01 소리내어 읽으면서 한 글자씩 따라 쓰세요.

私	其	衣	食
사사 사	그 기	옷 의	밥 식
형제간 의복과 음식을 사사로이 하면			
私	其	衣	食

夷	狄	之	徒
오랑캐 이	오랑캐 적	갈 지	무리 도
오랑캐의 무리이다			
夷	狄	之	徒

02 뜻을 되새기면서 한 번씩 따라 쓰세요.

형	제	자	매	간		옷	과		음
식	을		서	로		나	눕	니	다
.									

03 누군가에게 내가 쓰던 물건을 나눠준 적이 있나요?

兄無衣服 형무의복 弟必獻之 제필헌지

형이 옷이 없을 땐 동생이 빌려주고

01 소리 내어 읽으면서 한 글자씩 따라 쓰세요.

兄	無	衣	服	弟	必	獻	之
맏 형	없을 무	옷 의	옷 복	아우 제	반드시 필	바칠 헌	갈 지
형이 의복이 없거든				아우가 반드시 드리고			

兄	無	衣	服	弟	必	獻	之

02 뜻을 되새기면서 한 번씩 따라 쓰세요.

형	이		옷	이		없	을		땐
	동	생	이			빌	려	주	고

03 형(兄)이 들어가는 한자어는 무엇인가요?

82

弟無飲食 제무음식 兄必與之 형필여지

동생이 음식이 없으면 형이 나눠줍니다

01 소리내어 읽으면서 한 글자씩 따라 쓰세요.

弟	無	飲	食	兄	必	與	之
아우 제	없을 무	마실 음	밥 식	맏 형	반드시 필	줄 여	갈 지
아우가 음식이 없으면				형이 반드시 주어라			
弟	無	飲	食	兄	必	與	之

02 뜻을 되새기면서 한 번씩 따라 쓰세요.

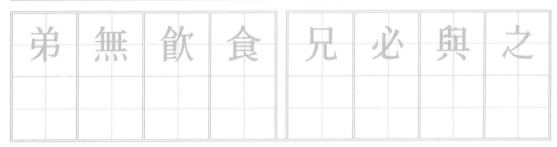

동	생	이		음	식	이		없	으
면		형	이		나	뉘	줍	니	다
.									

03 가진 것을 누군가에게 나눠줬을 때 느낌을 적어보세요.

一杯之水 일배지수 必分而飮 필분이음

가족끼리는 물 한 잔도 나눠 마십니다

01 소리 내어 읽으면서 한 글자씩 따라 쓰세요.

一	杯	之	水	必	分	而	飮
한 일	잔 배	갈 지	물 수	반드시 필	나눌 분	말 이을 이	마실 음

한 잔의 물이라도	반드시 나누어 마시고

02 뜻을 되새기면서 한 번씩 따라 쓰세요.

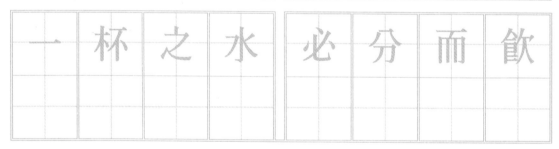

가	족	끼	리	는		물		한	
잔	도		나	눠		마	십	니	다
.									

03 가족과 적은 음식도 나눠 먹은 기억이 있나요?

一粒之食 일립지식 必分而食 필분이식

적은 음식도 사이좋게 나눠 먹습니다

01 소리내어 읽으면서 한 글자씩 따라 쓰세요.

一	粒	之	食	必	分	而	食
한 일	낟알 립	갈 지	밥 식	반드시 필	나눌 분	말 이을 이	밥 식
한 알의 음식이라도				반드시 나누어 먹어라			

02 뜻을 되새기면서 한 번씩 따라 쓰세요.

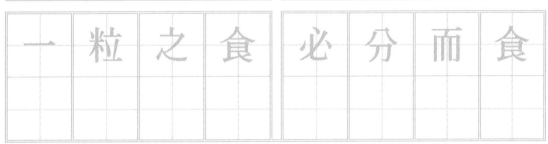

적	은		음	식	도		사	이	좋
게		나	눠		먹	습	니	다	.

03 食(밥식)자가 들어가는 말을 생각나는대로 적어보세요.

兄雖責我 형수책아 莫敢抗怒 막감항노

가족 중에 누가 나를 혼내면 화내지 말고 잘 듣습니다

01 소리 내어 읽으면서 한 글자씩 따라 쓰세요.

兄	雖	責	我	莫	敢	抗	怒
맏 형	비록 수	꾸짖을 책	나 아	없을 막	감히 감	막을 항	성낼 노
형이 비록 나를 꾸짖더라도				감히 반항하거나 성내지 말고			
兄	雖	責	我	莫	敢	抗	怒

02 뜻을 되새기면서 한 번씩 따라 쓰세요.

가	족		중	에		누	가		나
를		혼	내	면		화	내	지	
말	고		잘		듣	습	니	다	.

03 최근에 가족에게 화가 난 일이 있었나요? 어떤 일인가요?

弟雖有過 제수유과 須勿聲責 수물성책

동생이 잘못해도 큰소리로 화내지 않습니다

01 소리내어 읽으면서 한 글자씩 따라 쓰세요.

弟	雖	有	過	須	勿	聲	責
아우 제	비록 수	있을 유	잘못 과	모름지기 수	말 물	소리 성	꾸짖을 책

아우가 비록 잘못이 있더라도	모름지기 큰소리로 꾸짖지 말라

弟	雖	有	過	須	勿	聲	責

02 뜻을 되새기면서 한 번씩 따라 쓰세요.

동	생	이		잘	못	해	도		큰
소	리	로		화	내	지		않	습
니	다	.							

03 누군가 나에게 큰소리로 화를 내 당황한 적이 있었나요?

兄弟有善 형제유선 必譽于外 필예우외

형제간에도 잘한 일은 반드시 칭찬해 줍니다

01 소리 내어 읽으면서 한 글자씩 따라 쓰세요.

兄	弟	有	善
맏 형	아우 제	있을 유	착할 선

형제간에 잘한 일이 있으면

必	譽	于	外
반드시 필	기릴 예	어조사 우	밖 외

반드시 밖으로 칭찬하고

兄	弟	有	善		必	譽	于	外

02 뜻을 되새기면서 한 번씩 따라 쓰세요.

형	제	간	에	도		잘	한		일
은		반	드	시		칭	찬	해	
줍	니	다	.						

03 형제나 가족 간에 고마웠던 일을 적어 봅시다.

88

兄弟有失 형제유실 隱而勿揚 은이물양

형제간에 잘못한 일이 있더라도 때론 용서합니다

01 소리내어 읽으면서 한 글자씩 따라 쓰세요.

兄	弟	有	失	隱	而	勿	揚
맏 형	아우 제	있을 유	잃을 실	숨길 은	말 이을 이	말 물	밝힐 양

형제간에 잘못이 있으면	숨겨주고 드러내지 말라

兄	弟	有	失	隱	而	勿	揚

02 뜻을 되새기면서 한 번씩 따라 쓰세요.

형	제	간	에		잘	못	한		일
이		있	더	라	도		때	론	
용	서	합	니	다	.				

03 형제나 가족간의 실수를 눈감아 준 적이 있나요?

89

兄弟有難 형제유난 悶而思救 민이사구

형제간 어려운 일은 같이 고민하고 해결합니다

01 소리 내어 읽으면서 한 글자씩 따라 쓰세요.

兄	弟	有	難	悶	而	思	救
맏 형	아우 제	있을 유	어려울 난	답답할 민	말 이을 이	생각할 사	건질 구
형제간에 어려운 일이 있으면				근심하고 구원해 주기를 생각하라			

兄	弟	有	難	悶	而	思	救

02 뜻을 되새기면서 한 번씩 따라 쓰세요.

형	제	간		어	려	운		일	은
같	이			고	민	하	고		해
결	합	니	다	.					

03 형제간 어려운 일을 도움을 받았던 일을 적어 봅시다.

90

兄能如此 형능여차 弟亦效之 제역효지

형이 올바르게 행동하면 아우가 형을 본받습니다

01 소리내어 읽으면서 한 글자씩 따라 쓰세요.

兄	能	如	此	弟	亦	效	之
맏 형	능할 능	같을 여	이 차	아우 제	또 역	본받을 효	갈 지
형이 이처럼 행동하면				아우도 본받는다			

兄	能	如	此	弟	亦	效	之

02 뜻을 되새기면서 한 번씩 따라 쓰세요.

형	이		올	바	르	게		행	동
하	면		아	우	도		본	받	습
니	다	.							

03 가족의 행동 중에서 올바른 행동이라고 느낀 것은 무엇인가요?

我有歡樂 아유환락 兄弟亦樂 형제역락

내가 기쁘면 형제들도 기쁩니다

01 소리 내어 읽으면서 한 글자씩 따라 쓰세요.

我	有	歡	樂	兄	弟	亦	樂
나 아	있을 유	기뻐할 환	즐길 락	맏 형	아우 제	또 역	즐길 락
나에게 기쁨과 즐거움이 있으면				형제들도 즐거워하고			

我	有	歡	樂	兄	弟	亦	樂

02 뜻을 되새기면서 한 번씩 따라 쓰세요.

내	가		기	쁘	면		형	제	들
도		기	쁩	니	다	.			

03 형제나 가족들이랑 최근에 즐거웠던 순간을 적어보아요.

我有憂患 아유우환 兄弟亦憂 형제역우

내가 슬프면 형제들도 슬픕니다

01 소리내어 읽으면서 한 글자씩 따라 쓰세요.

我	有	憂	患	兄	弟	亦	憂
나 아	있을 유	근심할 우	근심 환	맏 형	아우 제	또 역	근심할 우

나에게 근심과 걱정이 있으면	형제들도 근심하느니라

02 뜻을 되새기면서 한 번씩 따라 쓰세요.

내	가		슬	프	면		형	제	들
도		슬	픕	니	다	.			

03 요즘 걱정되는 일이 있었나요? 그렇다면 적어볼까요?

雖有他親 수유타친 豈若兄弟 기약형제

친척들도 있지만 형제만은 못합니다

01 소리 내어 읽으면서 한 글자씩 따라 쓰세요.

雖	有	他	親	豈	若	兄	弟
비록 수	있을 유	다를 타	친할 친	어찌 기	같을 약	맏 형	아우 제

비록 다른 친척이 있으나	어찌 형제간과 같겠는가

02 뜻을 되새기면서 한 번씩 따라 쓰세요.

친	척	들	도		있	지	만		형
제	만	은		못	합	니	다	.	

03 친척 중에 친한 사람이 있나요?

兄弟和睦 형제화목 父母喜之 부모희지

형제자매가 화목하면 부모님도 행복합니다

01 소리내어 읽으면서 한 글자씩 따라 쓰세요.

兄	弟	和	睦	父	母	喜	之
맏 형	아우 제	화할 화	화목할 목	아비 부	어미 모	기쁠 희	갈 지
형제가 화목하면				부모님께서 기뻐하시느니라			

02 뜻을 되새기면서 한 번씩 따라 쓰세요.

형	제	자	매	가		화	목	하	면
부	모	님	도			행	복	합	니
다	.								

03 부모님이 나를 보며 가장 뿌듯했던 순간이 언제였나요?

95

爲兄爲弟 위형위제 何忍不和 하인불화

형과 동생된 사이로 당연히 다투지 않습니다

01 소리 내어 읽으면서 한 글자씩 따라 쓰세요.

爲	兄	爲	弟	何	忍	不	和
할 위	맏 형	할 위	아우 제	어찌 하	참을 인	아닐 불	화할 화
형 되고 아우된 자가				차마 어찌 불화하리오			

爲	兄	爲	弟	何	忍	不	和

02 뜻을 되새기면서 한 번씩 따라 쓰세요.

형	과		동	생	된		사	이	로
당	연	히		다	투	지		않	
습	니	다	.						

03 형제가 있어서 좋은 점은? 형제가 없다면 아쉬운 점은 없나요?

96

分毋求多 분무구다　有無相通 유무상통

가진 것을 나눠줄 때는 욕심없이 나눠줍니다

01 소리내어 읽으면서 한 글자씩 따라 쓰세요.

分	毋	求	多	有	無	相	通
나눌 분	말 무	구할 구	많을 다	있을 유	없을 무	서로 상	통할 통
나눌 때 많기를 구하지 말고				있든 없든 서로 통해야 한다			

02 뜻을 되새기면서 한 번씩 따라 쓰세요.

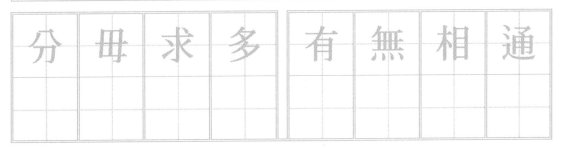

가	진		것	을		나	눠	줄
때	는		욕	심	없	이		나	눠
줍	니	다	.					

03 형제 혹은 가족과 맛있는 걸 나눠 먹을 때 어떤 기분이 드나요?

學習과 禮義
학습과 예의

修身齊家 수신제가 治國之本 치국지본

자신을 바로 해야 나라를 다스릴 수 있습니다

01 소리 내어 읽으면서 한 글자씩 따라 쓰세요.

修	身	齊	家	治	國	之	本
닦을 수	몸 신	가지런할 제	집 가	다스릴 치	나라 국	갈 지	근본 본

자기 몸을 닦고 집안을 바로하는 것은	나라를 다스리는 근본이고

修	身	齊	家	治	國	之	本

02 뜻을 되새기면서 한 번씩 따라 쓰세요.

자	신	을		바	로		해	야	
나	라	를		다	스	릴		수	
있	습	니	다	.					

03 자신의 마음을 다스리는 습관이나 방법이 있나요?

讀書勤儉 독서근검 起家之本 기가지본

책을 읽고 부지런함과 검소함은 집안을 일으킵니다

01 소리내어 읽으면서 한 글자씩 따라 쓰세요.

讀	書	勤	儉
읽을 독	글 서	부지런할 근	검소할 검

책을 읽으며 부지런하고 검소함은

起	家	之	本
일어날 기	집 가	갈 지	근본 본

집안을 일으키는 근본이다

讀	書	勤	儉	起	家	之	本

02 뜻을 되새기면서 한 번씩 따라 쓰세요.

책	을		읽	고		부	지	런	함
과		검	소	함	은		집	안	을
	일	으	킵	니	다	.			

03 기억에 남는 책의 제목과 간단한 내용을 적어봅시다.

學優則仕 학우즉사 爲國盡忠 위국진충

공부를 열심히 해 나라에 도움이 되는 사람이 됩니다

01 소리 내어 읽으면서 한 글자씩 따라 쓰세요.

學	優	則	仕	爲	國	盡	忠
배울 학	넉넉할 우	곧 즉	벼슬할 사	할 위	나라 국	다될 진	충성 충

학문이 넉넉하면 벼슬을 해서	나라를 위해 충성을 다하고

02 뜻을 되새기면서 한 번씩 따라 쓰세요.

공	부	를		열	심	히		해	
나	라	에		도	움	이		되	는
	사	람	이		됩	니	다	.	

03 내 꿈은 무엇인가요?

敬信節用 경신절용 愛民如子 애민여자

사람을 사랑하는 마음으로 공경하며 일합니다

01 소리내어 읽으면서 한 글자씩 따라 쓰세요.

敬	信	節	用	愛	民	如	子
공경할 경	믿을 신	마디 절	쓸 용	사랑 애	백성 민	같을 여	아들 자
미덥게 일하며 재물을 아껴 써서				백성을 사랑함은 자식과 같게 하라			

02 뜻을 되새기면서 한 번씩 따라 쓰세요.

사	람	을		사	랑	하	는		마
음	으	로		공	경	하	며		일
합	니	다	.						

03 같은 반 친구들을 위해 하고 싶은 일이 있나요?

人倫之中 인륜지중 忠孝爲本 충효위본

나라를 사랑하고 부모님을 공경하는 것이 기본입니다

01 소리 내어 읽으면서 한 글자씩 따라 쓰세요.

人	倫	之	中	忠	孝	爲	本
사람 인	인륜 륜(윤)	갈 지	가운데 중	충성 충	효도 효	할 위	근본 본
인륜의 가운데에				충과 효가 근본이 되니			
人	倫	之	中	忠	孝	爲	本

02 뜻을 되새기면서 한 번씩 따라 쓰세요.

나	라	를		사	랑	하	고		부
모	님	을		공	경	하	는		것
이		기	본	입	니	다	.		

03 부모님을 어떻게 생각하는 지 내 마음을 적어볼까요?

孝當竭力 효당갈력 忠則盡命 충즉진명

온 힘을 다해 부모님께 효도하고 나라를 위합니다

01 소리내어 읽으면서 한 글자씩 따라 쓰세요.

孝	當	竭	力	忠	則	盡	命
효도 효	당할 당	다할 갈	힘 력(역)	충성 충	곧 즉	다될 진	목숨 명

효도는 마땅히 힘을 다해야 하고	충성은 목숨을 다해야 한다

孝	當	竭	力	忠	則	盡	命

02 뜻을 되새기면서 한 번씩 따라 쓰세요.

온		힘	을		다	해		부	모
님	께		효	도	하	고		나	라
를		위	합	니	다	.			

03 나라를 위해 하고 싶은 일이 있나요?

言而不信 언이불신 非直之友 비직지우

대화를 할 때 믿음이 없다면 진정한 친구가 아닙니다

01 소리 내어 읽으면서 한 글자씩 따라 쓰세요.

言	而	不	信
말씀 언	말 이을 이	아닐 불	믿을 신
말을 하되 미덥지 못하면			

非	直	之	友
아닐 비	곧을 직	갈 지	벗 우
정직한 친구가 아니다			

言	而	不	信	非	直	之	友

02 뜻을 되새기면서 한 번씩 따라 쓰세요.

대	화	를		할		때		믿	음
이		없	다	면		진	정	한	
친	구	가		아	닙	니	다	.	

03 친구에게 거짓말을 했던 적이 있었나요? 마음이 어땠나요?

以文會友 이문회우 以友輔仁 이우보인

친구와 함께 공부하고 올바르게 서로 돕습니다

01 소리내어 읽으면서 한 글자씩 따라 쓰세요.

以	文	會	友
써 이	글월 문	모일 회	벗 우
글로써 친구를 모으고			
以	文	會	友

以	友	輔	仁
써 이	벗 우	도울 보	어질 인
벗으로서 어질게 되도록 도우라			
以	友	輔	仁

02 뜻을 되새기면서 한 번씩 따라 쓰세요.

친	구	와		함	께		공	부	하
고		올	바	르	게		서	로	
돕	습	니	다	.					

03 친구에게 조언이나 충고를 한 적이 있나요? 어떤 일이었나요?

居必擇隣 거필택린 就必有德 취필유덕

이웃을 가려서 만나고 좋은 사람들과 가까이 합니다

01 소리 내어 읽으면서 한 글자씩 따라 쓰세요.

居	必	擇	隣	就	必	有	德
있을 거	반드시 필	가릴 택	이웃 린	이룰 취	반드시 필	있을 유	덕 덕
사는 곳은 반드시 이웃을 가리고				반드시 덕이 있는 사람에게 가라			
居	必	擇	隣	就	必	有	德

02 뜻을 되새기면서 한 번씩 따라 쓰세요.

이	웃	을		가	려	서		만	나
고		좋	은		사	람	들	과	
가	까	이		합	니	다	.		

03 나는 어떤 이웃 또는 친구일까 생각해 봅시다.

多友之人 다우지인　當事無誤 당사무오

마음 맞는 친구들이 많으면 힘든 일도 견딜 수 있습니다

01 소리내어 읽으면서 한 글자씩 따라 쓰세요.

多	友	之	人	當	事	無	誤
많을 다	벗 우	갈 지	사람 인	당할 당	일 사	없을 무	그르칠 오
친구가 많은 사람은				일을 당해도 그르침이 없다			
多	友	之	人	當	事	無	誤

02 뜻을 되새기면서 한 번씩 따라 쓰세요.

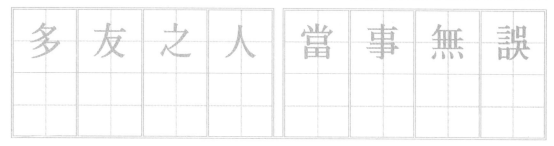

마	음	맞	는		친	구	들	이
많	으	면		힘	든		일	도
견	딜		수		있	습	니	다	.

03 내가 어려울 때 나를 도와준 친구가 있었나요?

知心而交 지심이교 勿與面交 물여면교

친구의 겉모습을 보고 판단하지 않습니다

01 소리 내어 읽으면서 한 글자씩 따라 쓰세요.

知	心	而	交	勿	與	面	交
알 지	마음 심	말 이을 이	사귈 교	말 물	더불어 여	낯 면	사귈 교
마음을 알고 사귀고				더불어 얼굴로 사귀지 말라			

02 뜻을 되새기면서 한 번씩 따라 쓰세요.

친	구	의		겉	모	습	을		보
고		판	단	하	지		않	습	니
다	.								

03 마음이 맞는 친구와 친해진 계기를 생각해봅니다.

言語必愼 언어필신　居處必恭 거처필공

항상 조심히 말하고 자신을 낮춰 행동합니다

01 소리내어 읽으면서 한 글자씩 따라 쓰세요.

言	語	必	愼	居	處	必	恭
말씀 언	말씀 어	반드시 필	삼갈 신	있을 거	살 처	반드시 필	공손할 공
말은 언제나 삼가고				거처는 반드시 공손하라			

言	語	必	愼	居	處	必	恭

02 뜻을 되새기면서 한 번씩 따라 쓰세요.

항	상		조	심	히		말	하	고
자	신	을		낮	춰		행	동	
합	니	다	.						

03 말 실수해서 친구와 안 좋아진 적이 있었나요?

事師如親 사사여친 必恭必敬 필공필경

선생님을 부모님처럼 공경합니다

01 소리 내어 읽으면서 한 글자씩 따라 쓰세요.

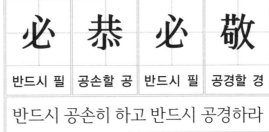

事	師	如	親	必	恭	必	敬
일 사	스승 사	같을 여	친할 친	반드시 필	공손할 공	반드시 필	공경할 경

스승 섬기기는 어버이와 같이 해서				반드시 공손히 하고 반드시 공경하라			
事	師	如	親	必	恭	必	敬

02 뜻을 되새기면서 한 번씩 따라 쓰세요.

선	생	님	을		부	모	님	처	럼
공	경	합	니	다	.				

03 담임 선생님의 이름은 무엇인가요?

先生施教 선생시교 弟子是則 제자시칙

선생님이 알려주시는 것을 잘 기억합니다

01 소리내어 읽으면서 한 글자씩 따라 쓰세요.

先	生	施	敎
먼저 선	날 생	베풀 시	가르침 교

선생님께서 가르침을 베풀어 주시면

弟	子	是	則
아우 제	아들 자	옳을 시	법칙 칙

제자들은 이것을 본받아라

先	生	施	敎

弟	子	是	則

02 뜻을 되새기면서 한 번씩 따라 쓰세요.

선	생	님	이		알	려	주	시	는
	것	을		잘		기	억	합	니
다	.								

03 선생님이 하신 말씀 중 가장 기억에 남는 것은?

夙興夜寐 숙흥야매 勿懶讀書 물라독서

아침에도 저녁에도 부지런히 독서합니다

01 소리 내어 읽으면서 한 글자씩 따라 쓰세요.

夙	興	夜	寐	勿	懶	讀	書
일찍 숙	일 흥	밤 야	잠잘 매	말 물	게으를 라	읽을 독	쓸 서
아침 일찍 일어나고 밤에 자며				책 읽기를 게을리 하지 말라			

02 뜻을 되새기면서 한 번씩 따라 쓰세요.

아	침	에	도		저	녁	에	도
부	지	런	히		독	서	합	니	다
.								

03 최근에 읽은 책은 어떤 책인가요?

勤勉工夫 근면공부 父母悅之 부모열지

부지런히 공부하면 부모님도 기뻐합니다

01 소리내어 읽으면서 한 글자씩 따라 쓰세요.

勤	勉	工	夫
부지런할 근	힘쓸 면	장인 공	지아비 부
공부를 부지런히 힘쓰면			

父	母	悅	之
아비 부	어미 모	기쁠 열	갈 지
부모님께서 기뻐하시느니라			

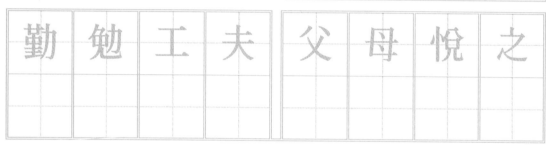

02 뜻을 되새기면서 한 번씩 따라 쓰세요.

부	지	런	히		공	부	하	면	
부	모	님	도		기	뻐	합	니	다
.									

03 내가 제일 좋아하는 과목은 무엇인가요?

始習文字 시습문자 字劃楷正 자획해정

글자를 배우거나 익힐 때 올바른 순서로 씁니다

01 소리 내어 읽으면서 한 글자씩 따라 쓰세요.

始	習	文	字
처음 시	익힐 습	글월 문	글자 자

처음 문자를 익힐 때는

字	劃	楷	正
글자 자	그을 획	본보기 해	바를 정

글자의 획을 바르게 써라

02 뜻을 되새기면서 한 번씩 따라 쓰세요.

글	자	를		배	우	거	나		익
힐		때		올	바	른		순	서
로		씁	니	다	.				

03 내 이름을 또박또박 적어볼까요.

書册狼藉 서책낭자 每必整頓 매필정돈

책을 어지럽히지 말고 가지런히 정리합니다

01 소리내어 읽으면서 한 글자씩 따라 쓰세요.

書	册	狼	藉	每	必	整	頓
쓸 서	책 책	이리 랑	깔 자	매양 매	반드시 필	가지런할 정	가지런할 돈
서책이 어지럽게 있거든				매번 반드시 가지런하게 정리하라			
書	册	狼	藉	每	必	整	頓

02 뜻을 되새기면서 한 번씩 따라 쓰세요.

책	을		어	지	럽	히	지		말
고		가	지	런	히		정	리	합
니	다	.							

03 내 책상이나 가방을 잘 정리하는 편인가요?

能孝能悌 능효능제 莫非師恩 막비사은

효도와 공경을 배운 선생님께 감사드립니다

01 소리 내어 읽으면서 한 글자씩 따라 쓰세요.

能	孝	能	悌	莫	非	師	恩
능할 능	효도 효	능할 능	공경할 제	없을 막	아닐 비	스승 사	은혜 은
부모께 효도하고 어른을 공경하는 것은				스승의 은혜 아닌 것이 없느니라			

能	孝	能	悌	莫	非	師	恩

02 뜻을 되새기면서 한 번씩 따라 쓰세요.

효	도	와		공	경	을		배	운
선	생	님	께		감	사	드	립	니
다	.								

03 스승의날은 어떤 날인가요?

118

能知能行 능지능행 總是師功 총시사공

알고 행하는 것은 모두 선생님의 가르침입니다

01 소리내어 읽으면서 한 글자씩 따라 쓰세요.

能	知	能	行	總	是	師	功
능할 능	알 지	능할 능	행할 행	모두 총	옳을 시	스승 사	공 공
알 수 있고 행할 수 있는 것은				모두 스승의 공이니라			
能	知	能	行	總	是	師	功

02 뜻을 되새기면서 한 번씩 따라 쓰세요.

알	고		행	하	는		것	은
모	두		선	생	님	의		가	르
칩	입	니	다	.				

03 학교에서 선생님이 알려준 예의범절은 어떤 것이 있나요?

長者慈幼 장자자유 幼者敬長 유자경장

어른은 어린이를 사랑하고 어린이는 어른을 공경합니다

01 소리 내어 읽으면서 한 글자씩 따라 쓰세요.

長	者	慈	幼
어른 장	놈 자	사랑할 자	어릴 유

幼	者	敬	長
어릴 유	놈 자	공경할 경	어른 장

어른은 어린이를 사랑하고	어린이는 어른을 공경하라

長	者	慈	幼	幼	者	敬	長

02 뜻을 되새기면서 한 번씩 따라 쓰세요.

어	른	은		어	린	이	를		사
랑	하	고		어	린	이	는		어
른	을		공	경	합	니	다	.	

03 내가 제일 존경하는 인물은 누구일까요?

長者之前 장자지전 進退必恭 진퇴필공

어른 앞에서는 늘 행동을 조심히 합니다

01 소리내어 읽으면서 한 글자씩 따라 쓰세요.

長	者	之	前	進	退	必	恭
어른 장	놈 자	갈 지	앞 전	나아갈 진	물러날 퇴	반드시 필	공손할 공
어른 앞에서				가고 물러날 때 반드시 공손히 하라			

 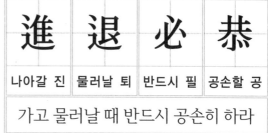

02 뜻을 되새기면서 한 번씩 따라 쓰세요.

어	른		앞	에	서	는		늘	
행	동	을		조	심	히		합	니
다	.								

03 버릇없는 행동을 한 적이 있었나요? 어떤 일이었나요?

年長以倍 연장이배 父以事之 부이사지

나보다 나이가 두 배 많은 분은 아버지처럼 섬깁니다

01 소리 내어 읽으면서 한 글자씩 따라 쓰세요.

年	長	以	倍
해 연(년)	길 장	써 이	곱 배
나이가 많아 곱절이 되거든			

父	以	事	之
아비 부	써 이	일 사	갈 지
아버지로 섬기고			

02 뜻을 되새기면서 한 번씩 따라 쓰세요.

나	보	다		나	이	가		두
배		많	은		분	은		아	버
지	처	럼		섬	깁	니	다	.

03 나보다 나이가 많은 사람의 지혜를 느낀 적이 있나요?

十年以長 십년이장 兄以事之 형이사지

십 년 정도 나이가 많으면 형으로 섬깁니다

01 소리내어 읽으면서 한 글자씩 따라 쓰세요.

十	年	以	長	兄	以	事	之
열 십	해 년	써 이	길 장	맏 형	써 이	일 사	갈 지

나이가 열 살이 더 많으면	형으로 섬겨라

十	年	以	長	兄	以	事	之

02 뜻을 되새기면서 한 번씩 따라 쓰세요.

십	년		정	도		나	이	가
	많	으	면		형	으	로		섬
깁	니	다	.					

03 형(언니)이라고 부르고 싶은 존경하는 선배가 있나요?

我敬人親 아경인친 人敬我親 인경아친

내 부모님만큼 친구의 부모님도 공경합니다

01 소리 내어 읽으면서 한 글자씩 따라 쓰세요.

我	敬	人	親
나 아	공경할 경	사람 인	친할 친

내가 다른 사람의 어버이를 공경하면

人	敬	我	親
사람 인	공경할 경	나 아	친할 친

다른 사람이 내 어버이를 공경하고

我	敬	人	親

人	敬	我	親

02 뜻을 되새기면서 한 번씩 따라 쓰세요.

내		부	모	님	만	큼		친	구
의		부	모	님	도		공	경	합
니	다	.							

03 나와 가장 친한 친구의 이름을 적어봅니다.

124

我敬人兄 아경인형 人敬我兄 인경아형

내 형제만큼 친구들의 형도 공경합니다

01 소리내어 읽으면서 한 글자씩 따라 쓰세요.

我	敬	人	兄
나 아	공경할 경	사람 인	맏 형

내가 다른 사람의 형을 공경하면

人	敬	我	兄
사람 인	공경할 경	나 아	맏 형

다른 사람이 내 형을 공경하느니라

02 뜻을 되새기면서 한 번씩 따라 쓰세요.

내		형	제	만	큼		친	구	들
의		형	도		공	경	합	니	다
.									

03 가장 친한 친구의 형제 이름을 적어볼까요?

賓客來訪 빈객내방 接待必誠 접대필성

집으로 손님이 찾아오면 잘 대접합니다

01 소리 내어 읽으면서 한 글자씩 따라 쓰세요.

賓	客	來	訪	接	待	必	誠
손 빈	손 객	올 래(내)	찾을 방	대접할 접	기다릴 대	반드시 필	정성 성

손님이 찾아오면	반드시 정성스럽게 접대하라

02 뜻을 되새기면서 한 번씩 따라 쓰세요.

집	으	로		손	님	이		찾	아
오	면		정	성	껏		대	접	합
니	다	.							

03 집에 놀러왔던 친구를 정성껏 대해주었나요?

賓客不來 빈객불래 門戶寂寞 문호적막

손님이 찾지 않는 집은 쓸쓸하고 외롭습니다

01 소리내어 읽으면서 한 글자씩 따라 쓰세요.

賓	客	不	來	門	戶	寂	寞
손 빈	손 객	아닐 불	올 래(내)	문 문	지게 호	고요할 적	쓸쓸할 막
손님이 오지 않으면				문호가 적막해지느니라			
賓	客	不	來	門	戶	寂	寞

02 뜻을 되새기면서 한 번씩 따라 쓰세요.

손	님	이		찾	지		않	는
집	은		쓸	쓸	하	고		외	롭
습	니	다	.					

03 친구들을 초대하거나 초대받았을 때 어떤 마음인가요?

人之在世 인지재세 不可無友 불가무우

세상을 살아가면서 친구는 꼭 필요합니다

01 소리 내어 읽으면서 한 글자씩 따라 쓰세요.

人	之	在	世	不	可	無	友
사람 인	갈 지	있을 재	세상 세	아닐 불	옳을 가	없을 무	벗 우
사람이 세상에 있으면서				친구가 없을 수 없다			

人	之	在	世	不	可	無	友

02 뜻을 되새기면서 한 번씩 따라 쓰세요.

세	상	을		살	아	가	면	서
친	구	는		꼭		필	요	합	니
다	.							

03 친구와 함께 즐거웠던 추억을 적어봅시다.

以文會友 이문회우　以友輔仁 이우보인

친구들과 배우며 친해지고 벗으로 돕습니다

01 소리내어 읽으면서 한 글자씩 따라 쓰세요.

以	文	會	友
써 이	글월 문	모일 회	벗 우
글로써 벗을 모으고			

以	友	輔	仁
써 이	벗 우	도울 보	어질 인
벗으로써 인을 도와라			

02 뜻을 되새기면서 한 번씩 따라 쓰세요.

친	구	들	과		배	우	며		친
해	지	고			벗	으	로		돕	습
니	다	.							

03 친구에게 추천하고 싶은 책을 적어봅시다.

友其正人 우기정인 我亦自正 아역자정

바른 친구를 만나면 나도 바른 사람이 됩니다

01 소리 내어 읽으면서 한 글자씩 따라 쓰세요.

友	其	正	人
벗 우	그 기	바를 정	사람 인
바른 사람을 사귀면			

我	亦	自	正
나 아	또 역	스스로 자	바를 정
나도 저절로 바르게 되고			

友	其	正	人	我	亦	自	正

02 뜻을 되새기면서 한 번씩 따라 쓰세요.

바	른		친	구	를		만	나	면
나	도		바	른			사	람	이
됩	니	다	.						

03 마음이 착한 친구가 있나요? 친구를 보면 느낀 점은 무엇일까요?

從遊邪人 종유사인 我亦自邪 아역자사

나쁜 친구를 만나면 나쁜 사람이 될 수 있습니다

01 소리내어 읽으면서 한 글자씩 따라 쓰세요.

從	遊	邪	人	我	亦	自	邪
좇을 종	놀 유	간사할 사	사람 인	나 아	또 역	스스로 자	간사할 사

간사한 사람을 따라서 놀면	나도 저절로 간사해 진다

從	遊	邪	人	我	亦	自	邪

02 뜻을 되새기면서 한 번씩 따라 쓰세요.

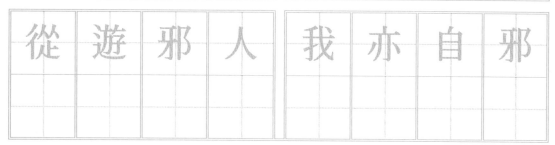

나	쁜		친	구	를		만	나	면
나	쁜		사	람	이		될		수
있	습	니	다	.					

03 친구가 나쁜 일을 할 때 말리거나 충고를 한 경험이 있나요?

蓬生麻中 봉생마중　不扶自直 불부자직

주변 환경이 좋으면 나 또한 잘 자랄 수 있습니다

01 소리 내어 읽으면서 한 글자씩 따라 쓰세요.

蓬	生	麻	中	不	扶	自	直
쑥 봉	날 생	삼 마	가운데 중	아닐 불	붙들 부	스스로 자	곧을 직

쑥이 삼 가운데서 자라나면	붙들어주지 않아도 저절로 곧아진다

蓬	生	麻	中	不	扶	自	直

02 뜻을 되새기면서 한 번씩 따라 쓰세요.

주	변	환	경	이		좋	으	면
나		또	한		잘		자	랄
수		있	습	니	다	.		

03 나에게 좋은 영향을 주는 사람은 누가 있나요?

白沙在泥 백사재니 不染自汚 불염자오

주변 환경이 좋지 못하면 나도 잘못 자랄 수 있습니다

01 소리내어 읽으면서 한 글자씩 따라 쓰세요.

白	沙	在	泥
흰 백	모래 사	있을 재	진흙 니

흰 모래가 진흙에 있으면

不	染	自	汚
아닐 불	물들일 염	스스로 자	더러울 오

물들이지 않아도 저절로 더러워지느니라

白	沙	在	泥	不	染	自	汚

02 뜻을 되새기면서 한 번씩 따라 쓰세요.

주	변		환	경	이		좋	지
못	하	면		나	도		잘	못
자	랄		수		있	습	니	다	.

03 혹시 친구에게 나쁜 영향을 준 적은 없는지 생각해 봅니다.

近墨者黑 근묵자흑 近朱者赤 근주자적

좋은 친구와 어울리면 나 또한 좋은 사람이 됩니다

01 소리 내어 읽으면서 한 글자씩 따라 쓰세요.

近	墨	者	黑	近	朱	者	赤
가까울 근	먹 묵	놈 자	검을 흑	가까울 근	붉을 주	놈 자	붉을 적
먹자를 가까이하는 사람은 검어지고				주사를 가까이하는 사람은 붉게 되니			

02 뜻을 되새기면서 한 번씩 따라 쓰세요.

좋	은		친	구	와		어	울	리
면		나		또	한		좋	은	
사	람	이		됩	니	다	.		

03 검은 것을 뜻하는 것과 붉은 것을 뜻하는 한자어를 적어봅니다.

居必擇隣 거필택린 就必有德 취필유덕

이웃을 가려 만나고 좋은 사람과 어울립니다

01 소리내어 읽으면서 한 글자씩 따라 쓰세요.

居	必	擇	隣	就	必	有	德
살 거	반드시 필	가릴 택	이웃 린	나아갈 취	반드시 필	있을 유	덕 덕

거처할 때 반드시 이웃을 가리고	나아갈 때 반드시 덕있는 사람에게 가라

居	必	擇	隣	就	必	有	德

02 뜻을 되새기면서 한 번씩 따라 쓰세요.

이	웃	을		가	려		만	나	고
좋	은			사	람	과		어	울
립	니	다	.						

03 이웃을 만날 때 어떤 말로 인사하나요?

擇而交之 택이교지 有所補益 유소보익

좋은 친구를 사귀면 배울점이 많고 도움이 됩니다

01 소리 내어 읽으면서 한 글자씩 따라 쓰세요.

擇	而	交	之	有	所	補	益
가릴 택	말 이을 이	사귈 교	갈 지	있을 유	바 소	도울 보	유익할 익
사람을 가려서 사귀면				도움과 유익함이 있고			

02 뜻을 되새기면서 한 번씩 따라 쓰세요.

좋	은		친	구	를		사	귀	면
배	울	점	이		많	고		도	움
이		됩	니	다	.				

03 나의 장점은 무엇이 있을까요?

不擇而交 불택이교 反有害矣 반유해의

친구를 가려 사귀어야 좋은 친구를 만납니다

01 소리내어 읽으면서 한 글자씩 따라 쓰세요.

不	擇	而	交
아닐 불	가릴 택	말 이을 이	사귈 교

가리지 않고 사귀면

反	有	害	矣
되돌릴 반	있을 유	해칠 해	어조사 의

도리어 해가 있느니라

不	擇	而	交	反	有	害	矣

02 뜻을 되새기면서 한 번씩 따라 쓰세요.

친	구	를		가	려		사	귀	어
야		좋	은		친	구	를		만
납	니	다	.						

03 친구에게 좋은 말을 듣거나 본받은 점은 무엇인가요?

朋友有過 붕우유과 忠告善導 충고선도

친구가 잘못하면 좋은 말로 선하게 이끕니다

01 소리 내어 읽으면서 한 글자씩 따라 쓰세요.

朋	友	有	過	忠	告	善	導
벗 붕	벗 우	있을 유	허물 과	충성 충	알릴 고	착할 선	이끌 도

친구에게 잘못이 있거든	충고하여 착하게 이끌어라

朋	友	有	過	忠	告	善	導

02 뜻을 되새기면서 한 번씩 따라 쓰세요.

친	구	가		잘	못	하	면		좋
은		말	로		선	하	게		이
끕	니	다	.						

03 친구 잘못에 화낸 적이 있나요? 친절한 말로 다시 적어볼까요?

人無責友 인무책우 易陷不義 이함불의

잘못을 알려주지 않으면 나쁜 길로 빠질 수 있습니다

01 소리내어 읽으면서 한 글자씩 따라 쓰세요.

人	無	責	友	易	陷	不	義
사람 인	없을 무	꾸짖을 책	벗 우	쉬울 이	빠질 함	아닐 불	옳을 의

잘못을 꾸짖어 주는 친구가 없으면	의롭지 못한데 빠지기 쉬우니라

人	無	責	友	易	陷	不	義

02 뜻을 되새기면서 한 번씩 따라 쓰세요.

잘	못	을		알	려	주	지		않
으	면		나	쁜		길	로		빠
질		수		있	습	니	다	.	

03 벗이나 친구를 나타내는 한자어를 적어보세요.

面讚我善 면찬아선 諂諛之人 첨유지인

내 앞에서 나를 칭찬하면 아첨하는 사람입니다

01 소리 내어 읽으면서 한 글자씩 따라 쓰세요.

面	讚	我	善	諂	諛	之	人
낯 면	기릴 찬	나 아	착할 선	아첨할 첨	아첨할 유	갈 지	사람 인
면전에서 나의 착한 점을 칭찬하면				아첨하는 사람이고			

面	讚	我	善	諂	諛	之	人

02 뜻을 되새기면서 한 번씩 따라 쓰세요.

내		앞	에	서		나	를		칭
찬	하	면		아	첨	하	는		사
람	입	니	다	.					

03 다른 사람에게 잘 보이려고 마음에도 없는 말을 한 적이 있나요?

面責我過 면책아과 剛直之人 강직지인

내 앞에서 나를 꾸짖으면 곧고 정직한 사람입니다

01 소리내어 읽으면서 한 글자씩 따라 쓰세요.

面	責	我	過	剛	直	之	人
낯 면	꾸짖을 책	나 아	지날 과	굳셀 강	곧을 직	갈 지	사람 인

면전에서 나의 잘못을 꾸짖으면	굳세고 정직한 사람이다

02 뜻을 되새기면서 한 번씩 따라 쓰세요.

내		앞	에	서		나	를		꾸
짖	으	면		곧	고		정	직	한
	사	람	입	니	다	.			

03 친구가 진심으로 나에게 충고한 일은 어떤 일인가요?

言而不信 언이불신 非直之友 비직지우

말을 하되 믿음직하지 않으면 정직한 친구가 아닙니다

01 소리 내어 읽으면서 한 글자씩 따라 쓰세요.

言	而	不	信	非	直	之	友
말씀 언	말 이을 이	아닐 불	믿을 신	아닐 비	곧을 직	갈 지	벗 우
말을 하되 미덥지 못하면				정직한 친구가 아니다			

02 뜻을 되새기면서 한 번씩 따라 쓰세요.

말	을		하	되		믿	음	직	하
지		않	으	면		정	직	한	
친	구	가		아	닙	니	다	.	

03 혹시 나도 모르게 습관처럼 자주하는 거짓말이 있나요?

見善從之 견선종지 知過必改 지과필개

옳은 것을 따르고 잘못된 것이 있다면 고칩니다

01 소리내어 읽으면서 한 글자씩 따라 쓰세요.

見	善	從	之	知	過	必	改
볼 견	착할 선	좇을 종	갈 지	알 지	허물 과	반드시 필	고칠 개
착한 것을 보면 그것을 따르고				잘못을 알면 반드시 고쳐라			
見	善	從	之	知	過	必	改

02 뜻을 되새기면서 한 번씩 따라 쓰세요.

옳	은		것	을		따	르	고
잘	못	된		것	이		있	다	면
고	칩	니	다	.				

03 닮고 싶은 친구의 장점을 적어볼까요.

悅人讚者 열인찬자 百事皆僞 백사개위

사람 앞에서 칭찬하는 사람은 거짓된 사람입니다

01 소리 내어 읽으면서 한 글자씩 따라 쓰세요.

悅	人	讚	者	百	事	皆	僞
기쁠 열	사람 인	기릴 찬	놈 자	일백 백	일 사	다 개	거짓 위

남의 칭찬을 좋아하는 자는	온갖 일이 모두 거짓이고

02 뜻을 되새기면서 한 번씩 따라 쓰세요.

사	람		앞	에	서		칭	찬	하
는		사	람	은		거	짓	된	
사	람	입	니	다	.				

03 친구에게 거짓으로 칭찬한 적이 있었나요?

144

厭人責者 염인책자 其行無進 기행무진

남의 충고를 귀담아 들어야 발전합니다

01 소리내어 읽으면서 한 글자씩 따라 쓰세요.

厭	人	責	者	其	行	無	進
싫어할 염	사람 인	꾸짖을 책	놈 자	그 기	갈 행	없을 무	나아갈 진
남의 꾸짖음을 싫어하는 자는				그 행동에 진전이 없다			

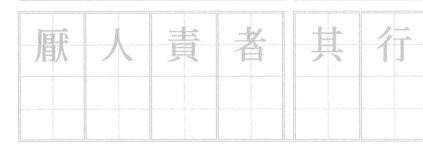

02 뜻을 되새기면서 한 번씩 따라 쓰세요.

남	의		충	고	를		귀	담	아
	들	어	야		발	전	합	니	다
.									

03 내가 들어서 도움이 되었던 충고가 있었나요?

145

元亨利貞 원형이정 天道之常 천도지상

세상 모든 것은 하늘의 원리에 따라 움직입니다

01 소리 내어 읽으면서 한 글자씩 따라 쓰세요.

元	亨	利	貞	天	道	之	常
으뜸 원	형통할 형	날카로울 리	곧을 정	하늘 천	길 도	갈 지	항상 상
사물의 근본 원리는				항상 하늘이 준 길을 가는 것이다			

元	亨	利	貞	天	道	之	常

02 뜻을 되새기면서 한 번씩 따라 쓰세요.

세	상		모	든		것	은		하
늘	의		원	리	에		따	라	
움	직	입	니	다	.				

03 자연스럽다는 말은 무슨 뜻일까요?

146

仁義禮智 인의예지 人性之綱 인성지강

인의예지는 사람이 갖추어야 할 기본 마음입니다

01 소리내어 읽으면서 한 글자씩 따라 쓰세요.

仁	義	禮	智	人	性	之	綱
어질 인	옳을 의	예도 예(례)	슬기 지	사람 인	성품 성	갈 지	벼리 강

인의예지는	인성의 벼리이다

02 뜻을 되새기면서 한 번씩 따라 쓰세요.

인	의	예	지	는		사	람	이	
갖	추	어	야		할		기	본	
마	음	입	니	다	.				

03 자신은 어떤 마음을 가진 사람이라고 생각하나요?

147

父子有親 부자유친 君臣有義 군신유의

부자 사이는 친밀감이 있고, 군신 사이는 의리가 있다

01 소리 내어 읽으면서 한 글자씩 따라 쓰세요.

父	子	有	親	君	臣	有	義
아비 부	아들 자	있을 유	친할 친	임금 군	신하 신	있을 유	옳을 의

부모와 자식 사이에는 친함이 있고	임금과 신하 사이에는 의리가 있으며

父	子	有	親	君	臣	有	義

02 뜻을 되새기면서 한 번씩 따라 쓰세요.

부	자		사	이	는		친	밀	감
이		있	고	,		군	신		사
이	는		의	리	가		있	다	.

03 부모님과 함께해서 제일 좋았던 여행지를 적어봅시다.

148

夫婦有別 부부유별 長幼有序 장유유서

부부는 각자 역할이 있으며 어른과 아이는 순서가 있다

01 소리내어 읽으면서 한 글자씩 따라 쓰세요.

夫	婦	有	別	長	幼	有	序
지아비 부	아내 부	있을 유	나눌 별	어른 장	어릴 유	있을 유	차례 서
남편과 아내 사이에는 분별이 있으며				어른과 아이 사이에는 차례가 있으며			

02 뜻을 되새기면서 한 번씩 따라 쓰세요.

부	부	는		각	자		역	할	이
있	으	며		어	른	과		아	
이	는		순	서	가		있	다	.

03 엄마, 아빠, 나 각자 우리집을 위해 서로 하는 역할이 있나요?

149

朋友有信 붕우유신 是謂五倫 시위오륜

친구 사이엔 믿음이 있고 이것을 오륜이라고 합니다

01 소리 내어 읽으면서 한 글자씩 따라 쓰세요.

朋	友	有	信
벗 붕	벗 우	있을 유	믿을 신

벗과 벗 사이에는 신의가 있으니

是	謂	五	倫
옳을 시	이를 위	다섯 오	인륜 륜

이것을 일러 오륜이라고 한다

朋	友	有	信	是	謂	五	倫

02 뜻을 되새기면서 한 번씩 따라 쓰세요.

친	구		사	이	엔		믿	음	이
있	고		이	것	을		오	륜	
이	라	고		합	니	다	.		

03 오륜이 어떤 게 있는지 아시나요? 아는대로 적어봅니다.

君爲臣綱 군위신강　父爲子綱 부위자강

임금은 신하의 근본이고, 아버지는 자식의 근본입니다

01 소리내어 읽으면서 한 글자씩 따라 쓰세요.

君	爲	臣	綱	父	爲	子	綱
임금 군	할 위	신하 신	벼리 강	아비 부	할 위	아들 자	벼리 강
임금은 신하의 벼리가 되고				아버지는 자식의 벼리가 되며			

02 뜻을 되새기면서 한 번씩 따라 쓰세요.

임	금	은		신	하	의		근	본
이	고	,		아	버	지	는		자
식	의		근	본	입	니	다	.	

03 아버지와 나의 비슷한 점을 찾아 적어봅시다.

夫爲婦綱 부위부강 是謂三綱 시위삼강

남편은 아내의 근본이니 이것을 삼강이라 합니다

01 소리 내어 읽으면서 한 글자씩 따라 쓰세요.

夫	爲	婦	綱	是	謂	三	綱
지아비 부	할 위	아내 부	벼리 강	옳을 시	이를 위	석 삼	벼리 강
남편은 아내의 벼리가 되니				이것을 일러 삼강이라고 한다			

02 뜻을 되새기면서 한 번씩 따라 쓰세요.

남	편	은		아	내	의		근	본
이	니		이	것	을		삼	강	이
라		합	니	다	.				

03 아빠와 엄마의 닮은 점과 다른 점은 무엇일까요?

人所以貴 인소이귀 *以其倫綱* 이기륜강

사람이 귀한 것은 오륜과 삼강 때문입니다

01 소리내어 읽으면서 한 글자씩 따라 쓰세요.

人	所	以	貴	以	其	倫	綱
사람 인	바 소	써 이	귀할 귀	써 이	그 기	인륜 윤(륜)	벼리 강
사람이 귀한 이유는				오륜과 삼강 때문이다			
人	所	以	貴	以	其	倫	綱

02 뜻을 되새기면서 한 번씩 따라 쓰세요.

사	람	이		귀	한		것	은	
오	륜	과		삼	강		때	문	입
니	다	.							

03 오륜과 삼강에는 어떤 것이 있는지 아는대로 적어봅시다.

足容必重 족용필중 手容必恭 수용필공

항상 자세를 공손하고 바르게 합니다

01 소리 내어 읽으면서 한 글자씩 따라 쓰세요.

足	容	必	重	手	容	必	恭
발 족	얼굴 용	반드시 필	무거울 중	손 수	얼굴 용	반드시 필	공손할 공

발의 용모는 반드시 무겁게 하며	손의 용모는 반드시 공손하게 하며

02 뜻을 되새기면서 한 번씩 따라 쓰세요.

항	상		자	세	를		공	손	하
고		바	르	게		합	니	다	.

03 다리를 떨거나 손을 흔드는 습관은 어떤 습관일까요?

目容必端 목용필단　口容必止 구용필지

눈은 단정하게 보고, 입은 무겁게 움직여야 합니다

01 소리내어 읽으면서 한 글자씩 따라 쓰세요.

目	容	必	端
눈 목	얼굴 용	반드시 필	바를 단
눈의 용모는 반드시 단정히 하며			

口	容	必	止
입 구	얼굴 용	반드시 필	그칠 지
입의 용모는 반드시 듬직히 하며			

02 뜻을 되새기면서 한 번씩 따라 쓰세요.

눈	은		단	정	하	게		보	고
	입	은		무	겁	게		움	직
여	야		합	니	다	.			

03 눈으로 안 좋은 표정을 짓거나 쓸데없는 말을 한 적은 없나요?

155

聲容必靜 성용필정　頭容必直 두용필직

요란스럽게 행동하지 않고 머리도 정돈합니다

01 소리 내어 읽으면서 한 글자씩 따라 쓰세요.

聲	容	必	靜	頭	容	必	直
소리 성	얼굴 용	반드시 필	고요할 정	머리 두	얼굴 용	반드시 필	곧을 직
소리의 용모는 반드시 조용하게 하며				머리의 용모는 반드시 곧게 하며			

02 뜻을 되새기면서 한 번씩 따라 쓰세요.

요	란	스	럽	게		행	동	하	지
않	고		머	리	도			정	돈
합	니	다	.						

03 머리카락이 지저분할 때 거울을 보면 어떤 생각이 드나요?

氣容必肅 기용필숙 立容必德 입용필덕

엄숙하게 숨을 쉬고, 덕이 있게 서 있도록 합니다

01 소리내어 읽으면서 한 글자씩 따라 쓰세요.

氣	容	必	肅	立	容	必	德
기운 기	얼굴 용	반드시 필	엄숙할 숙	설 입(립)	얼굴 용	반드시 필	덕 덕
숨 쉴 때 용모는 반드시 엄숙히 하며				서 있는 모습은 반드시 덕이 있게 하며			
氣	容	必	肅	立	容	必	德

02 뜻을 되새기면서 한 번씩 따라 쓰세요.

엄	숙	하	게		숨	을		쉬	고
덕	이		있	게		서		있	
도	록		합	니	다	.			

03 자신의 서 있는 모습을 거울로 살펴보세요. 어떤 느낌인가요?

色容必莊 색용필장 是曰九容 시왈구용

얼굴은 씩씩한 표정을 하며, 이것을 구용이라고 한다

01 소리 내어 읽으면서 한 글자씩 따라 쓰세요.

色	容	必	莊	是	曰	九	容
빛 색	얼굴 용	반드시 필	엄할 장	옳을 시	가로 왈	아홉 구	얼굴 용
얼굴 용모는 반드시 씩씩하게 하며				이것을 말해서 구용이라고 한다			
色	容	必	莊	是	曰	九	容

02 뜻을 되새기면서 한 번씩 따라 쓰세요.

얼	굴	은		씩	씩	한		표	정
을		하	며	,		이	것	을	
구	용	이	라	고		한	다	.	

03 힘들고 지칠 때 씩씩한 표정을 지어본 적이 있나요?

視必思明 시필사명 聽必思聰 청필사총

긍정적으로 밝게 보고 총명하게 듣습니다

01 소리내어 읽으면서 한 글자씩 따라 쓰세요.

視	必	思	明	聽	必	思	聰
볼 시	반드시 필	생각할 사	밝을 명	들을 청	반드시 필	생각할 사	귀 밝을 총
볼 때는 반드시 밝게 보며				들을 때에는 반드시 총명하게 듣는다			

02 뜻을 되새기면서 한 번씩 따라 쓰세요.

긍	정	적	으	로		밝	게		보
고		총	명	하	게		들	습	니
다	.								

03 최근 힘들었던 일을 무엇인가요? 긍정적으로 바꿔 볼까요?

色必思溫 색필사온 貌必思恭 모필사공

얼굴은 늘 따뜻하게 하고 공손하게 행동합니다

01 소리 내어 읽으면서 한 글자씩 따라 쓰세요.

色	必	思	溫
빛 색	반드시 필	생각할 사	따뜻할 온
얼굴빛은 반드시 온화하게 하며			

貌	必	思	恭
모양 모	반드시 필	생각할 사	공손할 공
용모는 반드시 공손하게 생각하며			

色	必	思	溫

貌	必	思	恭

02 뜻을 되새기면서 한 번씩 따라 쓰세요.

얼	굴	은		늘		따	뜻	하	게
하	고			공	손	하	게		행
동	합	니	다	.					

03 평소, 나의 얼굴 표정은 어떤 모습인가요?

言必思忠 언필사충 事必思敬 사필사경

말은 진실되게 하고 일은 공손하게 합니다

01 소리내어 읽으면서 한 글자씩 따라 쓰세요.

言	必	思	忠	事	必	思	敬
말씀 언	반드시 필	생각할 사	충성 충	일 사	반드시 필	생각할 사	공경할 경

말은 반드시 성실하게 하고	일은 반드시 공손하게 하며

02 뜻을 되새기면서 한 번씩 따라 쓰세요.

말	은		진	실	되	게		하	고
일	은		공	손	하	게		합	
니	다	.							

03 친절하고 공손한 말로 한 친구를 칭찬하는 말을 적어봅시다.

疑必思問 의필사문 忿必思難 분필사란

궁금한 건 바로 묻고 화가 날 때는 나중을 생각합니다

01 소리 내어 읽으면서 한 글자씩 따라 쓰세요.

疑	必	思	問		忿	必	思	難
의심할 의	반드시 필	생각할 사	물을 문		성낼 분	반드시 필	생각할 사	어려울 란
의심나는 것은 반드시 묻도록 하며					화가 날 때는 반드시 뒷일을 생각하며			
疑	必	思	問		忿	必	思	難

02 뜻을 되새기면서 한 번씩 따라 쓰세요.

궁	금	한		건		바	로		묻
고		화	가		날		때	는	
나	중	을		생	각	합	니	다	.

03 화를 내서 후회했던 적이 있나요? 어떤 일이었나요?

見得思義 견득사의 是曰九思 시왈구사

이득을 얻으면 정당한지 생각하며 이것이 구사다

01 소리내어 읽으면서 한 글자씩 따라 쓰세요.

見	得	思	義	是	曰	九	思
볼 견	얻을 득	생각할 사	옳을 의	옳을 시	가로 왈	아홉 구	생각할 사
얻을 것을 보면 의를 생각하는데				이것을 말해서 구사라고 한다			
見	得	思	義	是	曰	九	思

02 뜻을 되새기면서 한 번씩 따라 쓰세요.

이득을 얻으면 정당
한지 생각하며 이것
이 구사다.

03 정당하지 못한 방법으로 무언가를 얻은 일이 있나요?

163

非禮勿視 비례물시 非禮勿聽 비례물청

예의에 어긋나는 것들은 보고 듣지 않습니다

01 소리 내어 읽으면서 한 글자씩 따라 쓰세요.

非	禮	勿	視	非	禮	勿	聽
아닐 비	예도 예	말 물	볼 시	아닐 비	예도 예	말 물	들을 청
예가 아니면 보지 말며				예가 아니 면 듣지 말며			

非	禮	勿	視	非	禮	勿	聽

02 뜻을 되새기면서 한 번씩 따라 쓰세요.

예	의	에		어	긋	나	는		것
들	은		보	고		듣	지		않
습	니	다	.						

03 예의에 어긋나는 일을 듣거나 본 적이 있나요? 어떤 일인가요?

非禮勿言 비례물언 非禮勿動 비례물동

예의에 어긋난 말과 행동은 하지 않습니다

01 소리내어 읽으면서 한 글자씩 따라 쓰세요.

非	禮	勿	言
아닐 비	예도 예	말 물	말씀 언
예가 아니면 말하지 말며			

非	禮	勿	動
아닐 비	예도 예	말 물	움직일 동
예가 아니면 움직이지 말아야 한다			

02 뜻을 되새기면서 한 번씩 따라 쓰세요.

예	의	에		어	긋	나	는		말
과		행	동	은		하	지		않
습	니	다	.						

03 예의에 어긋나는 행동을 한 적이 있었는지 생각해 볼까요?

行必正直 행필정직 言則信實 언즉신실

행동은 바르게 하고 말은 믿음직하게 합니다

01 소리 내어 읽으면서 한 글자씩 따라 쓰세요.

行	必	正	直	言	則	信	實
갈 행	반드시 필	바를 정	곧을 직	말씀 언	곧 즉	믿을 신	열매 실

행동은 반드시 바르고 곧게 하고	말은 미덥고 성실하게 하며

行	必	正	直	言	則	信	實

02 뜻을 되새기면서 한 번씩 따라 쓰세요.

행	동	은		바	르	게		하	고
말	은			믿	음	직	하	게	
합	니	다	.						

03 자신도 모르게 거짓말을 한 적이 있나요?

166

容貌端正 용모단정 衣冠整齊 의관정제

옷차림을 단정하고 바르게 갖춥니다

01 소리내어 읽으면서 한 글자씩 따라 쓰세요.

容	貌	端	正	衣	冠	整	齊
얼굴 용	모양 모	바를 단	바를 정	옷 의	갓 관	가지런할 정	가지런할 제
용모는 단정하게 하고				의관은 바르고 가지런하게 하라			

容	貌	端	正	衣	冠	整	齊

02 뜻을 되새기면서 한 번씩 따라 쓰세요.

옷	차	림	을		단	정	하	고	
바	르	게		갖	춥	니	다	.	

03 평소 혼자서 옷을 잘 챙겨입는 편인가요?

167

居處必恭 거처필공 步履安詳 보리안상

항상 공손하게 머물러 있고 침착하게 걷습니다

01 소리 내어 읽으면서 한 글자씩 따라 쓰세요.

居	處	必	恭	步	履	安	詳
살 거	곳 처	반드시 필	공손할 공	걸음 보	신 리	편안할 안	자세할 상
거처할 때에는 반드시 공손히 하고				걸음걸이는 편안하고 침착히 하라			
居	處	必	恭	步	履	安	詳

02 뜻을 되새기면서 한 번씩 따라 쓰세요.

항	상		공	손	하	게		머	물
러		있	고		침	착	하	게	
걷	습	니	다	.					

03 자신의 걸음걸이를 살펴봐요. 침착히 걷는 편인가요?

作事謀始 작사모시 出言顧行 출언고행

시작할 때 계획이 중요하고 말보다 행동을 살핍니다

01 소리내어 읽으면서 한 글자씩 따라 쓰세요.

作	事	謀	始	出	言	顧	行
지을 작	일 사	꾀할 모	처음 시	날 출	말씀 언	돌아볼 고	갈 행
일을 할 때는 시작을 잘 계획하고				말을 할 때는 행실을 돌아보라			

02 뜻을 되새기면서 한 번씩 따라 쓰세요.

시	작	할		때		계	획	이	
중	요	하	고		말	보	다		행
동	을		살	핍	니	다	.		

03 오늘 하루의 일과는 계획을 잘 지켜서 움직였나요?

常德固持 상덕고지 然諾重應 연낙중응

약속을 꼭 지키되, 대답은 신중히 합니다

01 소리 내어 읽으면서 한 글자씩 따라 쓰세요.

常	德	固	持
항상 상	덕 덕	굳을 고	가질 지
떳떳한 덕을 굳게 지키고			

然	諾	重	應
그러할 연	대답할 락	무거울 중	응할 응
승낙을 할 때는 신중히 대답하라			

常	德	固	持	然	諾	重	應

02 뜻을 되새기면서 한 번씩 따라 쓰세요.

약	속	을		꼭		지	키	되	
대	답	은			신	중	히		합	니
다	.								

03 말만 하고 지키지 않았던 약속이나 행동들이 있을까요?

飮食愼節 음식신절 言語恭遜 언어공손

음식은 절제하고 말은 공손히 합니다

01 소리내어 읽으면서 한 글자씩 따라 쓰세요.

飮	食	愼	節	言	語	恭	遜
마실 음	밥 식	삼갈 신	절제할 절	말씀 언	말씀 어	공손할 공	겸손할 손

먹고 마실 때는 삼가고 절제하며	언어를 공손히 하라

飮	食	愼	節	言	語	恭	遜

02 뜻을 되새기면서 한 번씩 따라 쓰세요.

음	식	은		절	제	하	고		말
은		공	손	히		합	니	다	.

03 좋아하는 것을 친구와 나눠 먹은 적이 있나요?

德業相勸 덕업상권 過失相規 과실상규

좋은 일은 서로 권하고, 실수는 서로 바로 잡습니다

01 소리 내어 읽으면서 한 글자씩 따라 쓰세요.

德	業	相	勸	過	失	相	規
덕 덕	업 업	서로 상	권할 권	지날 과	잃을 실	서로 상	법 규
덕은 서로 권하고				잘못은 서로 타이르며			

德	業	相	勸	過	失	相	規

02 뜻을 되새기면서 한 번씩 따라 쓰세요.

좋	은		일	은		서	로		권
하	고		실	수	는		서	로	
바	로		잡	습	니	다	.		

03 내 실수를 바로 잡아준 고마운 사람이 있나요?

禮俗相交 예속상교 患難相恤 환난상휼

예의를 지키며 사귀고, 어려운 일은 서로 돕습니다

01 소리내어 읽으면서 한 글자씩 따라 쓰세요.

禮	俗	相	交
예도 예	풍속 속	서로 상	사귈 교
예스러운 풍속은 서로 사귀고			

患	難	相	恤
근심 환	어려울 난	서로 상	구휼할 휼
재앙과 어려운 일은 서로 구휼하라			

禮	俗	相	交

患	難	相	恤

02 뜻을 되새기면서 한 번씩 따라 쓰세요.

예	의	를		지	키	며		사	귀
고		어	려	운		일	은		서
로		돕	습	니	다	.			

03 어려운 일이 있는 친구를 도와준 적이 있나요?

貧窮困厄 빈궁곤액　親戚相救 친척상구

친척들 사이에 힘든 일이 생기면 서로 돕습니다

01 소리 내어 읽으면서 한 글자씩 따라 쓰세요.

貧	窮	困	厄	親	戚	相	救
가난할 빈	다할 궁	곤할 곤	액 액	친할 친	친척 척	서로 상	구원할 구
빈궁과 재액이 있을 때는				친척들이 서로 구원해 주며			
貧	窮	困	厄	親	戚	相	救

02 뜻을 되새기면서 한 번씩 따라 쓰세요.

친	척	들		사	이	에		힘	든
일	이		생	기	면		서	로	
돕	습	니	다	.					

03 친척들과 함께 있을 때 잘 지내나요?

婚姻死喪 혼인사상 鄰保相助 인보상조

결혼이나 초상에는 이웃끼리 서로 돕습니다

01 소리내어 읽으면서 한 글자씩 따라 쓰세요.

婚	姻	死	喪	鄰	保	相	助
혼인할 혼	혼인 인	죽을 사	잃을 상	이웃 인	지킬 보	서로 상	도울 조
혼인과 초상에는				이웃끼리 서로 도와라			
婚	姻	死	喪	鄰	保	相	助

02 뜻을 되새기면서 한 번씩 따라 쓰세요.

결	혼	이	나		초	상	에	는	
이	웃	끼	리		서	로		돕	습
니	다	.							

03 혹시 결혼식에 가본 적이 있다면 느낀 점을 적어볼까요?

人之德行 인지덕행 謙讓爲上 겸양위상

겸손할 줄 알고, 양보하는 것이 좋은 행동입니다

01 소리 내어 읽으면서 한 글자씩 따라 쓰세요.

人	之	德	行	謙	讓	爲	上
사람 인	갈 지	클 덕	갈 행	겸손할 겸	사양할 양	할 위	위 상
사람의 덕행은				겸손과 사양이 제일이다			
人	之	德	行	謙	讓	爲	上

02 뜻을 되새기면서 한 번씩 따라 쓰세요.

겸	손	할		줄		알	고		양
보	하	는			것	이		좋	은
행	동	입	니	다	.				

03 친구나 가족에게 양보한 적이 있나요? 기분이 어땠나요?

莫談他短 막담타단 靡恃己長 미시기장

친구의 단점을 말하고 나의 장점만을 말하지 않습니다

01 소리내어 읽으면서 한 글자씩 따라 쓰세요.

莫	談	他	短	靡	恃	己	長
없을 막	말씀 담	다를 타	짧을 단	쓰러질 미	믿을 시	몸 기	길 장
다른 사람의 단점을 말하지 말고				자기의 장점을 믿지 말라			
莫	談	他	短	靡	恃	己	長

02 뜻을 되새기면서 한 번씩 따라 쓰세요.

친	구	의		단	점	을		말	하
고		나	의		장	점	만	을	
말	하	지		않	습	니	다	.	

03 나의 장점과 단점은 무엇일까요?

己所不欲 기소불욕 勿施於人 물시어인

내가 하기 싫은 일은 남에게도 시키지 않습니다

01 소리 내어 읽으면서 한 글자씩 따라 쓰세요.

己	所	不	欲	勿	施	於	人
몸 기	바 소	아닐 불	하고자 할 욕	말 물	베풀 시	어조사 어	사람 인
자기가 하고 싶지 아니한 것을				남에게 베풀지 말라			

02 뜻을 되새기면서 한 번씩 따라 쓰세요.

내	가		하	기		싫	은		일
은		남	에	게	도		시	키	지
	않	습	니	다	.				

03 내가 하기 싫은 일을 다른 사람에게 미룬 적이 있나요?

178

積善之家 적선지가 必有餘慶 필유여경

좋은 일을 한 집안은 더 좋은 일이 생깁니다

01 소리내어 읽으면서 한 글자씩 따라 쓰세요.

積	善	之	家	必	有	餘	慶
쌓을 적	착할 선	갈 지	집 가	반드시 필	있을 유	남을 여	경사 경
선행을 쌓은 집안은				반드시 뒤에 경사가 있고.			
積	善	之	家	必	有	餘	慶

02 뜻을 되새기면서 한 번씩 따라 쓰세요.

좋	은	일	을	한	집	안
은	더	좋	은	일	이	
생	깁	니	다	.		

03 내가 베풀었던 선행에 대해서 써봅시다.

나쁜 일을 하는 집안은 더 안 좋은 일이 생깁니다

01 소리 내어 읽으면서 한 글자씩 따라 쓰세요.

不	善	之	家	必	有	餘	殃
아닐 불	착할 선	갈 지	집 가	반드시 필	있을 유	남을 여	재앙 앙
불선을 쌓은 집안은				반드시 뒤에 재앙이 있다			

02 뜻을 되새기면서 한 번씩 따라 쓰세요.

나	쁜		일	을		하	는		집
안	은		더		안		좋	은	
일	이		생	깁	니	다	.		

03 혹시 후회되는 행동이 있나요? 있다면 이유가 무엇일까요?

損人利己 손인이기 終是自害 종시자해

남에게 손해를 끼치면 내게 더 큰 손해로 돌아옵니다

01 소리내어 읽으면서 한 글자씩 따라 쓰세요.

損	人	利	己	終	是	自	害
덜 손	사람 인	날카로울 리	몸 기	마칠 종	옳을 시	스스로 자	해칠 해

남에게 손해를 주고 자신만 이롭게 하면	마침내 자신을 해치는 것이다

02 뜻을 되새기면서 한 번씩 따라 쓰세요.

남	에	게		손	해	를		끼	치
면		내	게		더		큰		손
해	로		돌	아	옵	니	다	.	

03 남에게 손해를 끼쳐 내가 이익을 취한 행동이 있었나요?

禍福無門 화복무문 惟人所召 유인소소

재앙과 복은 사람이 행동한대로 오는 것입니다

01 소리 내어 읽으면서 한 글자씩 따라 쓰세요.

禍	福	無	門	惟	人	所	召
재화 화	복 복	없을 무	문 문	생각할 유	사람 인	바 소	부를 소
재앙과 복은 특정한 문이 없어				오직 사람이 불러들인 것이다			

02 뜻을 되새기면서 한 번씩 따라 쓰세요.

재	앙	과		복	은		사	람	이
행	동	한	대	로		오	는		
것	입	니	다	.					

03 무슨 일을 해도 안된다면 어떤 생각이 들까요?

嗟嗟小子 차차소자 敬受此書 경수차서

책은 소중히 대하고 내용을 되새깁니다

01 소리내어 읽으면서 한 글자씩 따라 쓰세요.

嗟	嗟	小	子
탄식할 차	탄식할 차	작을 소	아들 자
아, 소년들이여			

敬	受	此	書
공경할 경	받을 수	이 차	글 서
공경히 이 책을 받들어라			

02 뜻을 되새기면서 한 번씩 따라 쓰세요.

책	은		소	중	히		대	하	고
내	용	을		되	새	깁	니	다	
.									

03 알고 있는 고사성어 중 가장 기억에 남는 문구를 적어봅시다.

非我言耄 비아언모 惟聖之謨 유성지모

옛말은 낡은 말이 아닌 성현들의 가르침입니다

01 소리 내어 읽으면서 한 글자씩 따라 쓰세요.

非	我	言	耄	惟	聖	之	謨
아닐 비	나 아	말씀 언	늙은이 모	오직 유	성스러울 성	갈 지	꾀 모
나의 말은 늙은이의 망녕이 아니라				오직 성인의 가르치심이니라			

02 뜻을 되새기면서 한 번씩 따라 쓰세요.

옛말은 낡은 말이
아닌 성현들의 가르
침입니다.

03 옛부터 전해 내려오는 말 중에서 기억에 남는 말은 무엇일까요?

口勿雜談 구물잡담 手勿雜戲 수물잡희

쓸데없는 말이나 장난은 삼가하도록 합니다

01 소리내어 읽으면서 한 글자씩 따라 쓰세요.

口	勿	雜	談	手	勿	雜	戲
입 구	말 물	섞일 잡	말씀 담	손 수	말 물	섞일 잡	놀 희

입으로는 잡담을 하지 말고	손으로는 장난을 하지 말라

口	勿	雜	談	手	勿	雜	戲

02 뜻을 되새기면서 한 번씩 따라 쓰세요.

쓸	데	없	는		말	이	나		장
난	은		삼	가	하	도	록		합
니	다	.							

03 쓸데없는 말이나 행동을 했다가 후회한 적은 없었나요?

_____

疑思必問 의사필문　忿思必難 분사필난

의심이 들면 묻고 화를 내기보다 마음을 다스립니다

01 소리 내어 읽으면서 한 글자씩 따라 쓰세요.

疑	思	必	問	忿	思	必	難
의심할 의	생각할 사	반드시 필	물을 문	성낼 분	생각할 사	반드시 필	어려울 난
의문이 들 때는 반드시 묻고				분할 때는 더 어려울 때를 생각하고			
疑	思	必	問	忿	思	必	難

02 뜻을 되새기면서 한 번씩 따라 쓰세요.

의	심	이		들	면		묻	고
화	를		내	기	보	다		마	음
을		다	스	립	니	다	.	

03 화가 났을 때 마음으로 다시 생각해 본 적이 있나요?

行勿慢步 행물만보 坐勿倚身 좌물의신

거만하게 걷지 말고 바른자세로 앉습니다

01 소리내어 읽으면서 한 글자씩 따라 쓰세요.

行	勿	慢	步	坐	勿	倚	身
갈 행	말 물	게으를 만	걸을 보	앉을 좌	말 물	의지할 의	몸 신

걸음을 거만하게 걷지 말고	앉을 때에 몸을 기대지 말라

行	勿	慢	步	坐	勿	倚	身

02 뜻을 되새기면서 한 번씩 따라 쓰세요.

거	만	하	게		걷	지		말	고
바	른	자	세	로			앉	습	니
다	.								

03 나의 걸음걸이 자세는 올바른 편인가요?

禮義廉恥 예의염치 是謂四維 시위사유

예의와 의리, 부끄러움을 알고 욕심은 없어야 합니다

01 소리 내어 읽으면서 한 글자씩 따라 쓰세요.

禮	義	廉	恥
예도 예	옳을 의	청렴할 염	부끄러워할 치
예의 의리 청렴 부끄러움은			

是	謂	四	維
옳을 시	이를 위	넉 사	바 유
사람이 힘써야할 네가지 덕목이다			

禮	義	廉	恥	是	謂	四	維

02 뜻을 되새기면서 한 번씩 따라 쓰세요.

예	의	와		의	리	,		부	끄
러	움	을		알	고			욕	심	은
없	어	야		합	니	다	.		

03 욕심을 부리다가 일을 그르친 적이 있나요? 어떤 일이었나요?

言思必忠 언사필충 事思必敬 사사필경

진정한 마음으로 말하고, 최선의 마음으로 행동합니다

01 소리내어 읽으면서 한 글자씩 따라 쓰세요.

言	思	必	忠
말씀 언	생각할 사	반드시 필	충성 충

말은 반드시 충성의 마음으로 하고

事	思	必	敬
일 사	생각할 사	반드시 필	공경할 경

일은 반드시 공경의 마음으로 하라

言	思	必	忠

事	思	必	敬

02 뜻을 되새기면서 한 번씩 따라 쓰세요.

진	정	한		마	음	으	로		말
하	고		최	선	의		마	음	으
로		행	동	합	니	다	.		

03 말 한마디가 자신에게 큰힘이 되었던 적이 있나요?

出入門戸 출입문호 開閉必恭 개폐필공

문을 출입할 때 조심히 열고 닫습니다

01 소리 내어 읽으면서 한 글자씩 따라 쓰세요.

出	入	門	戸	開	閉	必	恭
날 출	들 입	문 문	지게 호	열 개	닫을 폐	반드시 필	공손할 공
문을 출입할 때에는				여닫기를 반드시 공손하게 하라			

出	入	門	戸	開	閉	必	恭

02 뜻을 되새기면서 한 번씩 따라 쓰세요.

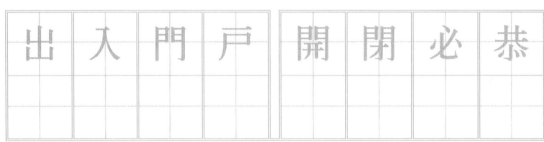

문	을		출	입	할		때		조
심	히		열	고		닫	습	니	다
.									

03 누군가 문을 '쾅' 하고 닫았을 때 기분이 어땠나요?

勿立門中 물립문중 勿坐房中 물좌방중

사람이 오가는 곳에서 통행을 방해하지 않도록 합니다

01 소리내어 읽으면서 한 글자씩 따라 쓰세요.

勿	立	門	中	勿	坐	房	中
말 물	설 입(립)	문 문	가운데 중	말 물	앉을 좌	방 방	가운데 중
문 한가운데 서지 말고				방 한가운데 앉지 말라			
勿	立	門	中	勿	坐	房	中

02 뜻을 되새기면서 한 번씩 따라 쓰세요.

사	람	이		오	가	는		곳	에
서		통	행	을		방	해	하	지
않	도	록		합	니	다	.		

03 엘리베이터나 문 앞에서 통행을 방해했던 적이 있었나요?

펜으로 쓰며 배우는
어린이 사자소학 四字小學

펴낸날   초판1쇄 인쇄 2023년 05월 18일
         초판1쇄 발행 2023년 05월 27일

지은이   김희경
펴낸이   최병윤
편집자   이우경

펴낸곳   운곡서원
출판등록 2013년 7월 24일 제2020-000041호
주   소   서울시 마포구 월드컵로10길 28, 202호
전   화   02-334-4045 팩스 02-334-4046

종   이   일문지업
인   쇄   수이북스

ⓒ김희경
ISBN 979-11-91553-58-1 63700
가격 12,000원